AF258632

# GRAMMAIRES ROMANES

## INÉDITES,

### DU TREIZIEME SIECLE.

# GRAMMAIRES ROMANES

## INÉDITES,

### DU TREIZIÈME SIÈCLE,

publiées

D'APRÈS LES MANUSCRITS DE FLORENCE ET DE PARIS,

## PAR F. GUESSARD.

PARIS,

IMPRIMERIE DE SCHNEIDER ET LANGRAND,
RUE D'ERFURTH, 1.

1840.

# GRAMMAIRES ROMANES

## INÉDITES,

### DU TREIZIÈME SIÈCLE.

—————

Les deux grammaires que je publie sont restées inédites jusqu'à ce jour, quoique leur existence fût connue. M. Raynouard lui-même ne leur a consacré qu'une courte notice [1]. Elles méritent mieux, si je ne me trompe, puisqu'elles contiennent, de l'aveu même du savant académicien, certaines théories qu'il a développées avec une ingénieuse habileté, et qui occupent une place importante parmi ses travaux philologiques. Il ne sera peut-être pas sans intérêt de remonter à l'origine de ces théories controversées, et d'en apprécier la valeur à la source même où elles ont été puisées. Ce n'est pas là d'ailleurs, comme on doit le croire, le seul motif de cette publication. Les deux monuments que je veux faire connaître ne sont pas assurément des chefs-d'œuvre d'analyse et de méthode; ils peuvent laisser à désirer sous certains rapports, comme l'observe M. Raynouard; mais fussent-ils moins complets, ils seraient encore dignes de voir le jour et de fixer l'attention des philologues par leur nature, par leur âge, par le fait seul de leur existence.

[1] *Choix des poésies originales de Troubadours*, t. II. *Monum. de la lang. rom.*, p. CL.

L'illustre **M. Daunou**, dans le vaste tableau qu'il a tracé de la littérature du treizième siècle, n'a touché qu'avec une grande réserve et une extrême circonspection les points de linguistique qui se rattachaient naturellement à son sujet. Il n'a rien dit ou presque rien des travaux de la philologie moderne, qui apparemment lui semblent suspects. Le savant académicien aurait été sans doute plus explicite et moins sobre de détails, surtout à l'égard de la langue des troubadours, s'il avait connu, autrement que par la brève notice de M. Raynouard, les deux ouvrages que je publie aujourd'hui [1].

L'un est appelé : DONATUS PROVINCIALIS [2].

L'autre a pour titre : LA DREITA MANIERA DE TROBAR [3].

Ces deux titres caractérisent parfaitement la nature et le but des deux traités, dont le second est plus littéraire que le premier, et s'adresse surtout aux poëtes. Je vais d'abord examiner le *Donatus Provincialis*, qui paraît être le plus ancien, et qui est purement grammatical, en comprenant dans cet examen les principaux points de doctrine communs à cet ouvrage et à celui qui le suit. J'essaierai en second lieu de donner une idée de la méthode et des principes qui recommandent *La dreita maniera de trobar*, au point de vue linguistique et littéraire. Je renvoie dans une troisième division la notice des manuscrits, les observations sur les textes, les notes générales, etc., etc.

---

[1] M. Daunou n'aurait pas dit non plus, s'il avait connu ces deux ouvrages, que le *Donatus Provincialis* est anonyme. « La langue romane nous fournira ( je cite ses propres expressions ) très-peu de productions en prose depuis l'an 1200 jusqu'en 1300. On a pourtant lieu de croire que deux grammaires de cette langue ont été rédigées dans cet intervalle. L'une est anonyme, et a été traduite en latin sous le titre de *Donatus Provincialis;* l'auteur de la seconde est Raymond Vidal, qui l'adresse surtout aux poëtes. » ( *Discours sur l'état des Lettres au treizième siècle. Hist. litt.*, t. XVI, p. 148. )

[2] Donat Provençal.

[3] La vraie manière de *trouver*. — Le mot roman *trobar* est intraduisible ; il signifie à peu près *imaginer*. Les Italiens le rendent par le mot *poetare*. Voici la définition qu'en donne un grammairien du quatorzième siècle : « Trobars es far noel dictat en Romans, fi, be compassat. » *Trouver*, c'est faire une composition originale en Roman, pure et bien ordonnée. ( *Leys d'amor.* )

## I.

## DONATUS PROVINCIALIS.

L'auteur de cette grammaire, Hugues Faidit ou Hugues le Banni, a eu le soin de signer son ouvrage, et de nous faire connaître son nom dans une sorte d'épilogue, où il prend d'avance ses précautions contre la critique, avec cet aplomb et cette assurance de langage que l'on aurait tort de considérer comme une invention toute moderne. D'abord, s'il faut l'en croire, c'est aux instances de deux personnages, qu'il nomme, que nous devons la composition de son traité. Puis il ajoute : « Je sais bien que les clameurs des envieux « déchireront mon livre : personne n'ignore que la critique est leur « fait. Mais si quelqu'un de ces jaloux avait la présomption d'atta- « quer cet ouvrage en ma présence, j'ai assez de confiance dans « mon savoir pour m'assurer que je le réduirai au silence devant « tout le monde, certain, comme je le suis, que personne avant moi « n'a traité cette matière avec autant de perfection, et d'une ma- « nière aussi complète. »

Cette conclusion ne ressemble pas mal aux formules d'anathèmes qui terminaient au moyen âge certaines chartes de donation ; on y reconnaît les mots sacramentels : *Si quis redarguere præsumpserit!* Sans nous arrêter à des menaces, qui ne pouvaient concerner que les critiques contemporains, examinons jusqu'à quel point était fondée la confiance de Faidit dans son savoir.

Et d'abord il n'est pas difficile d'indiquer la source où il l'a puisée : le titre même de son ouvrage annonce qu'il a pris pour guide un célèbre grammairien latin. Il est curieux de voir quel parti il a su tirer de cette imitation, et de remarquer ses efforts constants pour élever à la hauteur de la langue classique, l'idiome vulgaire dont il veut régler les formes mobiles. Il n'est pas moins intéressant d'observer comment il procède quand l'application des règles latines devient impossible, et même de le suivre dans les écarts et dans les aberrations singulières où l'entraîne son zèle d'imitateur.

Ce désir ou ce besoin de modèle se fait beaucoup moins sentir dans le traité de Raymond Vidal, qui vient après celui-ci ; mais on retrouve une tendance analogue, et bien plus marquée encore, dans un recueil connu sous le nom de *Leys d'Amor*[1], composé à Toulouse au quatorzième siècle, et qui renferme une grammaire, une poétique et une rhétorique fort étendues. L'imitation des théories latines est un des caractères saillants de cette compilation, où elle se révèle à chaque instant, et d'autant plus clairement qu'elle est plus pénible et plus forcée. Ce n'est pas sans étonnement qu'on y lit, par exemple, une théorie complète de l'accent prosodique, empruntée aux grammairiens latins, et violemment adaptée à la langue des troubadours. De tels emprunts, trop souvent malencontreux, ne donnent pas sans doute une haute idée de l'habileté des grammairiens du moyen âge ; mais il n'en est pas moins important de les reconnaître et de les signaler. Rapprochés et généralisés, des faits de ce genre fournissent de précieux renseignements sur le sort et l'histoire de la langue latine, après sa décadence, sur le rôle qu'elle a joué à côté des idiomes vulgaires, et sur la part qu'il faut lui attribuer dans la formation et le développement réguliers de ces idiomes, avant l'époque de la renaissance.

On sait que le droit romain n'a pas cessé de subsister pendant tout le cours du moyen âge, non-seulement avec l'ascendant moral de la raison écrite, mais avec une autorité plus positive et plus im-

---

[1] *Leys d'amor*, littéralement *Lois d'amour*. Ce titre, ainsi traduit, est loin de donner une juste idée de l'ouvrage qui le porte. On serait singulièrement trompé si l'on s'attendait à y trouver un recueil de dispositions législatives à l'usage des Cours d'amour, comme le code qui nous a été conservé par André le Chapelain, et qu'a publié M. Raynouard. Les *Lois d'amour* s'adressent a l'esprit, et non au cœur ; et les seules passions dont elles s'occupent sont les passions oratoires. Le mot *amour* avait au moyen âge une acception toute particulière : il signifiait à peu près *poésie*. C'est dans ce sens que Pétrarque a dit du troubadour Arnaud Daniel :

Gran maestro d'*amor*, ch'alla sua terra
Ancor fa onor col dir polito e bello.

(Trionfo d'amore, cap. IV.)

On comprend sans peine l'origine de cette dénomination conforme à la nature et à l'essence de la poésie romane. — Le recueil des *Leys d'amor* est encore inédit. Il en existe plusieurs Mss. ; le plus connu et le plus complet, dit-on, est celui qui appartient à l'académie des Jeux Floraux. Les autres sont conservés dans des bibliothèques espagnoles, et notamment dans celles de Sarragosse et de Barcelone. — Voyez les fragments de ce recueil publiés par Lafaille (*Annales de Toulouse*, t. I. pr. p. 64 à 84), par Crescimbeni (*Istor. della volg. poes.*, t. II, p. 211 et seq.), par Bastero (*Crusca provenzale*, p. 94 et seq.).

médiate, celle d'un droit en vigueur. Il n'est pas sans intérêt de constater que les lois de la langue latine se sont perpétuées à peu près dans les mêmes proportions et avec un empire analogue. La rédaction des trois grammaires que je viens de citer rappelle celle des codes barbares où se combinent les lois romaines et les coutumes germaniques : elle offre un semblable mélange de règles latines et d'usages vulgaires. Toutefois, il faut le dire, les règles de Donat et de Priscien ont été moins défigurées, et se sont maintenues plus pures que la législation de Théodose et de Justinien.

Au temps de Faidit, la grammaire latine était la grammaire unique, la grammaire par excellence. Il la désigne, comme Raymond Vidal et comme tous les écrivains contemporains, en employant le mot *grammatica* dans un sens absolu. La dénomination de *grammaticus sermo*, que je trouve appliquée un peu plus tard à la langue latine, par un traducteur florentin [1], prouve encore mieux toute l'autorité de cette langue au treizième et au quatorzième siècles. On peut apprécier par là l'opinion qu'avaient alors des idiomes vulgaires les hommes lettrés, et ceux même qui, comme Faidit, essayaient d'en fixer les formes et d'en faire connaître les caractères principaux. On va juger par quelques citations de ses idées à cet égard et de sa méthode.

« Les huit parties que l'on trouve en *grammaire*, dit-il en commençant, on les trouve aussi en Provençal vulgaire. » — Son premier rapprochement n'est pas heureux, comme on le voit, puisqu'il lui fait oublier l'article, qui n'existe pas en latin, et qui constitue en Roman une neuvième espèce de mots. Ses définitions, comme ses divisions, sont presque toutes d'emprunt. Il ne tient pas compte des anomalies, et ne recule pas devant les difficultés qu'il éprouve à translater du latin en roman, comme on disait alors, certaines expressions techniques. Il définit comme Donat, sauf à admettre ensuite des exceptions, et il parle comme lui, quand le Provençal fait défaut. C'est ainsi qu'il reconnaît des mots de tout genre, les désigne par l'adjectif latin *omnis*, et les définit ceux qui appartiennent également au masculin, au féminin et au neutre, quoiqu'il n'existe pas de mots neutres en Roman, et cela de son propre aveu. Il va plus loin : pour prouver que le participe roman *plaisens* est un

---

[1] Liber Palladii ex *grammatico sermone* in idiomate florentino deductus per me, A. L. — Tel est le titre d'une traduction manuscrite du quatorzième siècle conservée à la Bibliothèque Laurentienne, à Florence. Voyez Bandini, Catal. *Cod.*, Mss. Bibliot. Mediceæ Laurentianæ, t. V. (*Plut.* XLIII, *Cod.* XIII.)

mot de tout genre, il cite comme exemple pour le neutre cette proposition : « *Aquest bes m'es plaisens* » (ce bien m'est agréable), ayant en vue le nom latin *bonum*, et non le substantif roman *bes*, qui est masculin.

Ce n'est qu'à regret et bien malgré lui qu'il se résigne à modifier légèrement le cadre tout fait où il veut faire entrer le tableau des déclinaisons et des conjugaisons romanes. « Tous les verbes « dont l'infinitif se termine en AR sont, dit-il, de la première conju- « gaison ; mais les infinitifs des trois autres sont tellement confus « en Vulgaire, qu'il faut abandonner la grammaire, et donner une « règle nouvelle. » Il prend sur lui d'établir ces nouvelles catégo- ries, et il le fait avec une certaine bizarrerie de langage. « C'est « pourquoi il me plaît (*perque platz a mi*) que les verbes dont l'in- finitif se termine en ER soient de la seconde conjugaison, etc. » Ailleurs, après avoir posé ce principe que le *s* final caractérise le nominatif singulier, et l'absence de cette lettre le nominatif pluriel, principe conforme à l'esprit de la grammaire latine, en ce qu'il admet la distinction des cas, il excepte de la règle tous les substantifs féminins terminés en A, et ne manque pas d'avertir que l'identité de leurs terminaisons, au singulier comme au pluriel, est *contraire aux lois de la grammaire*. Cette observation est curieuse : elle dé- couvre clairement l'origine d'une règle ou d'une habitude à laquelle on a attribué, suivant moi, une importance fort exagérée et une uti- lité très-contestable, puisqu'elle s'appliquait seulement à un certain nombre de substantifs, comme on le verra tout à l'heure.

Malgré ces oublis, ces distractions et ces erreurs, résultats très- pardonnables d'une imitation trop fidèle, cette grammaire est pré- cieuse. Elle renferme, quelquefois d'une manière sommaire, mais souvent dans le plus grand détail, toutes les notions importantes pour l'étude et la connaissance de la langue des troubadours. J'en dirai autant de celle de Raymond Vidal. Si elles laissent beaucoup à désirer, comme l'a avancé M. Raynouard, c'est sous le rapport de la forme et de la méthode, bien plutôt que pour le fond. On com- prend aisément que ces essais incorrects de deux obscurs gram- mairiens du moyen âge n'aient pas satisfait le savant philologue du dix-neuvième siècle, et ne l'aient pas détourné du projet de refaire leur travail ; mais si l'on y trouve les principales règles que M. Raynouard a développées avec une grande finesse d'analyse, et confirmées par des recherches patientes, on jugera peut-être que son appréciation a été sévère. C'est d'après nos deux grammairiens

que M. Raynouard a établi la théorie de la distinction des sujets et
des régimes, dont on lui a fait honneur. Le passage suivant prouve
du reste qu'il ne prétendait pas à la découverte : « L'un et l'autre
« ouvrage, dit-il en parlant du traité de Faidit et de celui de Ray-
« mond Vidal, indiquent la règle qui distingue les sujets et les ré-
« gimes, soit au singulier, soit au pluriel [1]. » Ce qui appartient en
propre à l'habile éditeur des troubadours, c'est l'extension de cette
règle à la langue des trouvères.

Mais pourquoi n'a-t-il cité de ces grammaires que des fragments
presque indifférents? Pourquoi s'est-il privé d'une ressource aussi
précieuse? C'est ce qu'on ne saurait dire. Ce silence a eu pour
fâcheux résultat de soulever des doutes et des discussions, surtout
à propos de la règle que je viens de rappeler. Grâce aux erreurs
des copistes, grâce aux nombreuses exceptions auxquelles cette
règle était soumise, grâce aussi à ce qu'elle n'était pas fort répan-
due, au dire de Raymond Vidal, les manuscrits n'en attestent
l'existence que d'une manière très-variable. On a donc pu la con-
tester, tant qu'on a cru y voir une découverte de la philologie moderne. Mais que répondre au témoignage de deux grammairiens
contemporains? Ce témoignage, joint à l'autorité des textes, eût
forcé les esprits les plus incrédules; il eût coupé court à toute
discussion, au moins quant à l'existence de la règle. Je dis l'existence; car l'origine et surtout l'usage qu'on lui a attribués me pa-
raissent des questions beaucoup plus controversables. Quoiqu'il en
soit, M. Raynouard n'a pas cru devoir s'appuyer sur les nombreux
passages de nos deux grammairiens qui constituent la théorie fort
compliquée des déclinaisons : il a eu tort, ce me semble, dans l'intérêt de la science.

Il n'a pas non plus jugé à propos de descendre dans tous les détails auxquels Faidit et Raymond Vidal ont donné place dans leurs
traités. La question en valait cependant la peine; et d'ailleurs
la philologie ne vit que de détails et d'analyse. Je laisserais
volontiers aux amis de cette science le soin de vérifier les assertions
qui précèdent dans les textes mêmes, si la confusion était le
moindre défaut des deux ouvrages que je publie; mais je crois
devoir rassembler et traduire ici les passages épars des deux
grammairiens, qui établissent les règles relatives à la distinction
des sujets et des régimes dans la langue romane. Ces règles mé-

---

[1] *Choix des poésies orig. des Troub.*, t. II. *Monum. de la lang. rom.*, p. CLIII.

ritent d'être connues sous leur forme primitive, avec les exceptions qui les modifient. Je les rapporte ici, en les classant suivant leur application aux différentes espèces de mots déclinables, et en les traduisant presque littéralement.

Noms. — On sait qu'il n'y a dans la langue romane que deux genres, le masculin et le féminin. Voici les principes qui régissent les noms de ces deux classes. — Et d'abord les noms masculins.

« Le nominatif, dit Faidit, se reconnaît par LO ; le génitif par DE ; « le datif par A ; l'accusatif par LO. Et ne peut l'accusatif se distin- « guer du nominatif, si ce n'est que le nominatif singulier, quand il « est masculin, veut *s* à la fin, tandis que les autres cas ne le veu- « lent pas. »

« Le nominatif pluriel le rejette, et tous les autres cas le « prennent. »

« Le vocatif ressemble au nominatif dans tous les mots en ORS, « et dans quelques autres, tels que : *Deus, reis, francs, pros,* « *bos, cavaliers, canzos.* Partout où il ne prend pas le *s*, le vocatif « ressemble au nominatif pour les syllabes et les lettres, moins ce « *s* final. »

« De la règle qui dit que le nominatif pluriel ne veut pas le *s* « final, je veux excepter tous les noms féminins ; car je n'ai entendu « parler que des masculins et des *neutres.* »

« J'ai dit plus haut que le nominatif singulier veut partout *s* à la « fin : je veux excepter de cette règle tous les mots qui finissent « en AIRE, comme *emperaire,* etc.; en EIRE, comme *beveire ;* et « en IRE, comme *traïre.* Cependant *albires* veut *s*, ainsi que *cons-* « *sires* et *desires.* »

« Sachez que tous ces mots dont le nominatif singulier finit en « AIRE, en EIRE et en IRE, terminent tous leurs cas, au singulier, « en DOR, excepté le vocatif qui ressemble au nominatif, comme « il est dit ci-dessus. »

« Je veux encore excepter de la règle du nominatif singulier : « *maestre, prestre, pastre, sener, sor, bar.* »

« Il y a d'autres espèces de noms qui ne se déclinent pas, comme « *vers* avec tous ses composés. »

« Tous les noms qui finissent en AS long ne se déclinent ni ne « se changent. » (Suit une nomenclature de noms de diverses ter-minaisons, qui sont indéclinables. Il est à remarquer que tous ces noms, et en général tous les mots indéclinables compris dans cette liste, se terminent en *s* au pluriel comme au singulier.)

Voici les règles posées par Raymond Vidal relativement aux noms masculins :

« Vous devez savoir que tous les mots masculins du monde, qui
« sont de la classe des noms , ou ceux que l'on emploie au mascu-
« lin, substantifs ou adjectifs , *s'allongent* en six cas, savoir : au
« nominatif singulier, au génitif, au datif, à l'accusatif et à l'ablatif
« pluriel ; et s'abrégent en six cas , savoir : au génitif , au datif, à
« l'accusatif et à l'ablatif singulier, au nominatif et au vocatif plu-
« riel. »

« J'appelle *allonger*, dire, par exemple : *cavaliers, cavals*. Si l'on
« disait : *Lo cavalier es vengut*, ce serait mal dit. »

« Les vocatifs singuliers de tous les mots masculins s'allongent,
« et tous les vocatifs pluriels s'abrégent , comme les nominatifs. »

« Je dois vous dire qu'il y a des mots qui s'allongent à tous les
« cas du singulier et à tous ceux du pluriel.» (Suit une liste d'exemples. Il va sans dire que les mots cités par Raymond Vidal sont
terminés en *s*, comme ceux de la nomenclature de Faidit.)

« Je vous ai parlé des mots masculins et féminins ; je vous ai
« dit comment ils s'allongent et s'abrégent. Je vais vous parler
« maintenant de ceux qui ont une forme semblable pour le nomi-
« natif et le vocatif singulier, et une autre pour tous les autres cas. »

« Ecoutez pour les noms masculins : au nominatif singulier on
« dit *compags, laires* , etc. A tous les autres cas du singulier,
« ainsi qu'au nominatif et au vocatif pluriel, on dit : *compaignon* ,
« *lairon*, etc. Au génitif, au datif, à l'accusatif et à l'ablatif plu-
« riel, on dit : *compagnons, lairons*, etc. Lors donc que vous trou-
« verez un mot dit de deux manières , vous devez rechercher
« tous les cas. »

« Il y a trois espèces de noms verbaux, comme *emperaires*,
« *chantaires*, comme *grasieires, jauzieires*, et comme *entendeires*,
« *voleires* et une foule d'autres, qui se disent ainsi au nominatif
« et au vocatif singulier : *emperaires, grazieires* et *entendeires*,
« tandis qu'au génitif, au datif, à l'accusatif et à l'ablatif singulier
« ainsi qu'au nominatif et au vocatif pluriel, on dit : *emperador*,
« *jauzidor, entendedor*. Au génitif, au datif, à l'accusatif et à
« l'ablatif pluriel, on dit : *emperadors, jauzidors, entendedors*. »

Je passe aux noms féminins. Voici ce qu'en dit Raymond Vidal, qui, sur ce point est plus clair et plus explicite que Faidit :

« Vous devez savoir qu'il y a trois sortes de mots féminins, c'est-
« à-dire des mots terminés en A, comme *dompna* ; des mots ter-
« minés en OR, comme *amor*, et d'autres terminés en ON, comme
« *chanson*.

« Tous les mots terminés en A s'abrégent aux six cas du singu-
« lier, et s'allongent aux six cas du pluriel. » — C'est ce que Faidit
exprime ainsi : « Le nominatif de la première déclinaison est en
« A, et tous les autres cas de même, j'entends ceux du singulier ;
« car au pluriel, tous les cas prennent le *s* final. » — Et ailleurs :
« Les noms féminins sont semblables pour tous les cas du pluriel,
« ce qui est contre la grammaire. » Il faut noter ici une exception
signalée par Faidit, qui concerne deux noms masculins ayant une
désinence féminine en A. *Propheta* et *papa* ne prennent pas
le *s* final au nominatif pluriel. Tous les autres noms masculins
terminés en A se déclinent comme les noms féminins de même
terminaison.

Raymond Vidal continue : « Tous les mots terminés en OR et en
« ON s'allongent en huit cas, savoir : au nominatif et au vocatif
« singulier, et à tous les cas du pluriel. Ils s'abrégent au génitif,
« au datif, à l'accusatif et à l'ablatif singulier. »

Il y avait des noms féminins indéclinables, comme des noms
masculins, ou, pour me servir des termes de Raymond Vidal, des
noms qui s'allongeaient à tous les cas du singulier et du pluriel ;
mais il ajoute que ces noms s'allongent par euphonie, ce qu'il ne
dit pas à l'égard des noms masculins de la même espèce. Voici ses
propres expressions :

« Il y a des mots qui s'allongent à tous les cas du singulier et
« du pluriel, par habitude de prononciation, et parce qu'ils se di-
« sent ainsi plus agréablement, comme, par exemple, *emperairis*,
« *chantairis*, *badairis*, et tous ceux qui se terminent de même. »

« Je vous ai parlé des mots masculins et féminins ; je vous ai dit
« comment ils s'abrégent et s'allongent ; je vous parlerai mainte-
« nant de ceux qui ont une forme semblable pour le nominatif et
« le vocatif singulier, et une autre pour tous les autres cas. Par-
« lons des féminins »

« Au nominatif et au vocatif singulier, on dit : *ma donna, sor,*
« *gasca,* etc., et à tous les autres cas du singulier, on dit : *mi dons,*
« *seror, gascona.* A tous les cas du pluriel, on dit : *donpnas, serors,*
« *gasconas.* »

Il y avait des substantifs communs. Voici la règle qui les concerne :

« Les mots substantifs communs, dit Raymond Vidal, quand « on les emploie au masculin, s'allongent et s'abrégent comme « les noms masculins. Quand on les emploie au féminin, ils s'al- « longent et s'abrégent comme les féminins qui ne sont pas ter- « minés en A ; » c'est-à-dire comme les noms en OR ou en ON, d'a- près la règle rapportée plus haut.

Voilà la théorie complète des noms, telle qu'elle résulte des textes combinés de nos deux grammairiens. J'ai abrégé les déve- loppements diffus, et surtout les listes d'exemples que l'on trou- vera ci-après. Mon but était seulement de prouver que tous les principes exposés par M. Raynouard se trouvent dans l'un ou dans l'autre ouvrage, et de la manière la plus expresse. On remar- quera peut-être que Faidit et Raymond Vidal ne semblent pas s'accorder sur l'exception relative aux noms en AIRE, en EIRE et en IRE. Le premier dit formellement que le *s* ne s'attache pas à ces noms, au nominatif singulier; le second n'en dit rien, et les exemples qu'il cite sont tous écrits avec le *s* final. Mais ce n'est là probablement que le résultat d'une erreur de copiste, à en juger par les manuscrits des troubadours, où les noms ainsi terminés sont généralement écrits sans *s* final. Cette exception ne paraît pas devoir être étendue à la langue des trouvères, où le *s* se trouve fréquemment attaché aux noms en AIRE et en ERE, malgré la différence des cas obliques, dont la désinence est en EUR.

ADJECTIFS.— Les règles qui précèdent s'appliquent aux adjectifs à peu près comme aux substantifs. Voici les passages qui le prou- vent, ou qui contiennent des dispositions spéciales :

« De la règle qui veut que le nominatif singulier prenne *s* à la « fin, je veux excepter, dit Faidit, *melher, peier, sordeier, maier,* « *menre, genzer, leuger, greuger,* et tous les adjectifs employés « neutralement, sans substantif, comme : *mal m'es, greu* « *m'es,* etc.

« Tous les adjectifs féminins dont le nominatif singulier se ter- « mine en A suivent la même règle que les noms féminins ter- « minés de même. »

« Les adjectifs terminés en ANS ou en ENS, quand ils se rappor-

« tent à un substantif masculin, ne veulent pas le *s* au nominatif
« pluriel. »

Raymond Vidal comprend les adjectifs dans les règles suivantes : « Vous devez savoir que tous les mots masculins du
« monde, substantifs ou adjectifs, s'allongent et s'abrégent en
« six cas. »

« Tous les mots terminés en A, substantifs ou adjectifs, s'abré-
« gent aux six cas du singulier et aux six cas du pluriel. »

« Vous devez savoir par cœur que tous les adjectifs communs,
« *fortz, vils, plazens*, etc., de quelque espèce qu'ils soient, noms
« ou participes, s'allongent au nominatif et au vocatif, qu'ils soient
« masculins ou féminins. A tous les autres cas, ils s'allongent et
« s'abrégent comme les substantifs. »

« Voici les adjectifs communs qui varient, en passant du nomi-
« natif et du vocatif singulier aux autres cas. Au nominatif et
« au vocatif singulier, on dit : *maires*, *menres*, *miellers*, etc.,
« quel que soit le genre du substantif; et l'on dit à tous les autres
« cas : *maior*, *menor*, *melhor*, en abrégeant ou en allongeant,
« comme pour les substantifs masculins. »

« Je veux encore vous faire savoir qu'il y a un mot masculin,
« sans plus, qui s'allonge au nominatif et au vocatif singulier,
« ainsi qu'à tous les cas du pluriel. Ce mot est *malvaz*. »

Rien ne manque à cette théorie, comme on le voit, pas même
les observations de détail, du genre de celle qui précède. En par-
courant la liste des mots indéclinables dans les deux grammaires,
on y trouvera un grand nombre d'adjectifs que je ne rapporte
pas ici; je constate seulement que tous ces adjectifs sont terminés en *s*, comme les noms de la même catégorie. Le désac-
cord que j'ai signalé tout à l'heure entre Faidit et Raymond
Vidal, à propos des noms terminés en AIRE, EIRE, IRE, se re-
produit pour les comparatifs en AIRE, en ER, etc. Ce désac-
cord résultant seulement de l'orthographe différente des deux
manuscrits, et non de deux passages contradictoires, il serait inutile de s'y arrêter.


PRONOMS. — « De la règle qui veut que le nominatif singulier
« prenne *s* la fin, je dois excepter quelques pronoms : *eu*, *tu*,
« *el*, *qui*, *aquel*, *ilh*, *cel*, *aicel*, *aquest*, *nostre*, *vostre*, qui sont
« au nominatif singulier et ne prennent pas le *s* final. » Ce pas-

sage est de Faidit; les suivants sont extraits de Raymond Vidal.

« Comme je veux vous parler du verbe, je vous dirai ici com-
« ment se déclinent les pronoms : au nominatif et au vocatif sin-
« gulier, on dit : *aqels, cels, els, autres, cest, mos, tos, sos*; et à
« tous les autres cas du singulier on dit : *aquest, cestui, lui,
« autrui.* Au nominatif et au vocatif pluriel, on dit : *ill, cill, aqill,
« aqist, autre, cist, miei, siei;* et à tous les autres cas du même
« nombre, on dit : *cels, lors, aqest, autres, aicels, cest, los, mos,
« sos.*

« Vous avez entendu ce que j'ai dit des pronoms masculins;
« je vais maintenant vous parler des féminins. Aux six cas du
« singulier, on dit : *ella, cella, autra, aqesta, la, sa, ma;* et à tous
« les cas du pluriel : *ellas, cellas, autras, aqestas,* etc. »

Il ajoute quelques mots relatifs aux pronoms possessifs pour
annoncer qu'ils suivent la règle générale, s'allongeant et s'a-
brégeant comme les noms masculins et féminins.

« Je veux encore que vous sachiez qu'au nominatif et au vo-
« catif singulier, on dit *totz*; qu'aux autres cas du singulier, on
« dit *tot*; qu'au nominatif et au vocatif pluriel, on dit *tut*, et
« aux autres cas du même nombre, *totz.* »

On remarquera encore ici la divergence indiquée plus haut entre
les deux grammairiens. Je dois dire que l'exception admise par
Faidit n'est pas ordinairement confirmée par les manuscrits, du
moins en ce qui concerne les pronoms *cel, aicel, aquel.*

NOMS DE NOMBRES. — « Sachez, dit Raymond Vidal, que *uns*
« s'allonge au nominatif singulier, et qu'à tous les autres cas on
« dit *un.* — Au nominatif et au vocatif pluriel, on dit *dui, trei*, et
« aux autres cas , *dos, tres.* Pour tous les autres nombres, jusqu'à
« cent, il n'y a qu'une forme; mais toutes les centaines entre cent
« et mille s'abrégent au nominatif pluriel, et s'allongent à tous les
« autres cas. »

VERBES. — « Vous devez savoir qu'il y a une forme du verbe
« qui se prend substantivement, comme qui dirait *mal me fai l'a-
« nars*, ou *bon sap le venirs.* Cette forme s'allonge et s'abrége
« comme les noms masculins. »

*Participes présents, participes passés.*—Les participes présents et les participes passés n'étant que des adjectifs d'une espèce particulière, ils étaient soumis à la règle générale. On a vu plus haut un passage de Faidit relatif aux adjectifs en ANS et en ENS, qui ne sont autres que les participes présents. En voici deux autres, qui sont spéciaux :

« Sont communs les mots qui appartiennent à la fois au mas-
« culin et au féminin, comme les participes qui se terminent en
« ANS et en ENS. Je puis dire également : *aquest chavalers es avi-*
« *nens; aquesta dona es avinens;* mais, au nominatif pluriel, il y
« a un changement, car il faut dire : *aqelh chavaler sun avinen,*
« *aquelas donas sun avinens.* »

« Vous devez savoir que tous les participes finissent en ANS,
« en ENS, en ATZ, en UTZ ou en ITZ, comme : *amans, pesantz,*
« *plasenz, sufrens, conogutz, retengutz, auzitz, preteritz, enga-*
« *natz, despolhatz.* »

A l'occasion des verbes passifs, Faidit s'étend longuement sur la formation des participes passés. Ce qu'il en dit prouve qu'ils suivaient pour le masculin et le féminin les règles rapportées ci-dessus, sous le mot *adjectifs.*

Voilà à peu près tout ce que l'on peut recueillir dans les deux grammairiens sur la distinction des sujets et des régimes. L'ensemble des préceptes que je viens de réunir et de coordonner, constitue, comme on a pu le voir, un système assez compliqué, où dominent deux règles qui s'appliquent tantôt isolément, tantôt concurremment.

La première distingue le sujet du régime par l'addition d'un *s* final au nominatif singulier et aux cas obliques du pluriel, et par la suppression de cette lettre aux cas obliques du singulier et au nominatif pluriel.

La seconde établit cette distinction par une modification plus profonde du mot lui-même, et par l'emploi d'une double forme caractéristique.

Ces deux règles, dis-je, s'appliquent tantôt isolément, tantôt concurremment; mais souvent aussi elles ne s'appliquent pas du tout, de sorte que la distinction qu'elles ont pour but d'établir, s'il faut en croire M. Raynouard, est souvent surabondante, et souvent n'existe pas. Il y a un certain nombre de mots masculins et féminins qui ont une double et même une triple forme, sans compter le secours de l'article; il y en a d'autres, et en plus grand nombre, qui n'ont que l'article pour signe distinctif, et ce signe ne distingue pas le sujet du régime direct.

S'il en est ainsi, je n'aperçois rien de merveilleux dans ce procédé, dans ce mécanisme grammatical tant vanté, tant admiré [comme un moyen unique, et qu'aucune langue n'a possédé. Voyez, en effet, comme ce procédé va à son but! il sert à distinguer le sujet du régime, mais seulement dans un certain nombre de mots masculins et dans quelques mots féminins. Pourquoi cette restriction? La nécessité de la distinction ne se fait-elle pas sentir pour tous les mots également? Les mots féminins en A, qui sont fort nombreux, n'en sont-ils pas dignes aussi bien que les autres? Ils en sont pourtant privés, puisque leurs terminaisons sont identiques à tous les cas du singulier et du pluriel. Et les mots indéclinables, dont la liste est assez longue! et ceux qui s'allongent à tous les cas, comme dit Raymond Vidal, pour l'agrément de la prononciation! et ceux que l'on peut allonger ou abréger à volonté, suivant le même grammairien! tous ces mots ne participent pas au bénéfice de la règle. A quoi donc se réduit cette règle? à quoi sert ce mécanisme ingénieux? à embrouiller singulièrement les idées, à compliquer sans nécessité le système grammatical. Ecoutons sur ce point Raymond Vidal : il nous apprend que l'*allongement* et l'*abréviation* étaient loin d'être familiers à tout le monde.

« Pour vous faire mieux comprendre, dit-il, je vous trouverai
« des exemples dans les troubadours. Vous verrez comment ils
« ont procédé à l'égard du nominatif et du vocatif singulier, ainsi
« qu'à l'égard du nominatif et du vocatif pluriel; car ces quatre
« cas sont plus difficiles à entendre pour ceux qui n'ont pas le bon
« parler que pour ceux qui l'ont. En effet, les quatre cas sui-
« vants du singulier, le génitif, le datif, l'accusatif et l'ablatif, s'a-
« brégent dans tous les pays du monde; ces mêmes cas s'allongent
« au pluriel dans tous les pays du monde. Mais le nominatif et le
« vocatif singulier ne sont allongés que par ceux qui ont le bon
« parler; et le nominatif pluriel n'est abrégé que par ceux qui ont
« aussi le bon parler. »

Il dit ailleurs : « Comme les nominatifs singuliers sont moins
« familiers (*plus salvatge*, plus sauvages) à ceux qui n'ont pas le bon
« parler, je vous en donnerai des exemples puisés dans les trou-
« badours. »

Enfin, après avoir défini ce qu'il entend par allongement, il

ajoute : « Si l'on disait *mals fes lo caval*, ce serait mal dit ; car
« le nominatif singulier doit s'allonger, quoique tout homme dise
« par habitude (per us) *mal mi fes lo caval*. Au nominatif pluriel
« il faut abréger, quoique tout homme dise en beaucoup d'occa-
« sions : *Mal mi feron los cavals.* »

Ces trois passages prouvent bien clairement que le procédé
grammatical en question n'était pas fort populaire, et que le mérite
n'en était pas apprécié par tout le monde. Or à coup sûr, s'il avait
été d'une utilité notoire pour la clarté du langage, on y aurait eu
recours instinctivement. L'article est né de ce besoin de s'entendre, et de distinguer le sujet du régime indirect. Quant au régime
direct, il a à peine besoin d'un signe distinctif ; et la preuve, c'est
qu'aujourd'hui, dans la langue française, il s'en passe très-facilement. Les phrases comme celle-ci :

Le crime fait la honte et non pas l'échafaud,

reposent sur une ellipse fort intelligible, quoique rare. Personne
ne s'avise, que je sache, de supposer que le crime puisse faire
l'échafaud.

Ce n'est pas que je veuille défendre la construction de ce vers,
ni encore moins nier l'existence des règles que j'ai rassemblées
tout à l'heure : je ne saurais donner un pareil démenti à nos deux
grammairiens ; je prétends seulement que l'admiration philolo-
gique à laquelle a donné lieu la connaissance de ces règles, est de
l'admiration dépensée en pure perte. Il est impossible d'admettre
que toute cette théorie compliquée a été imaginée de dessein pré-
médité, pour le but presque frivole qu'on lui prête, et qu'elle n'at-
teint pas. La règle du *s* final (qu'on me permette de l'appeler ainsi
pour abréger), se trouve mise en pratique dans les plus anciens monuments de la langue romane, dans les fameux serments de 842.
Osera-t-on dire que ce fait atteste dès lors l'existence d'une règle
grammaticale ? que c'est un fait intentionnel ? ce serait une étrange
erreur. Mais si l'on ne peut hasarder une pareille assertion, comment expliquera-t-on ce phénomène orthographique ? C'est là une
question intéressante, dont la solution demanderait de longs déve-
loppements, et que je ne puis aborder aujourd'hui. Qu'il me soit
permis de présenter seulement mes conjectures d'une manière
très-sommaire, et comme on présente des conjectures.

Je ne vois dans la théorie de nos deux grammairiens qu'une application maladroite et forcée du principe latin de la distinction des

cas par la terminaison. Cette imitation est défectueuse, car elle n'est que partielle. Elle a été instinctive dans l'origine, et n'a eu d'autre cause que la prononciation. Plus tard, lorsque la langue parlée est devenue langue écrite, on a régularisé et érigé en système ce qui n'était d'abord que le résultat d'une habitude, d'un usage imposé, pour ainsi dire, par la langue latine.

J'ai démontré tout à l'heure que la méthode des grammairiens vulgaires consistait surtout dans l'imitation des grammairiens latins. Sur ce point, comme sur beaucoup d'autres, ils n'ont été qu'imitateurs plus ou moins heureux. On en a déjà vu la preuve dans ce passage de Faidit : « Les mots féminins terminés en A se res-« semblent à tous les cas du pluriel, et à tous les cas du singulier, « *bien que ce soit contre la grammaire.* »

Sans doute cette identité de désinences n'était pas conforme aux lois de la grammaire latine, comme Faidit le remarque ; mais la conformité n'était rien moins que nécessaire, car la nouvelle langue, en adoptant l'article, avait rendu superflue la diversité des terminaisons ; et c'est même parce que ces terminaisons, mal prononcées, ne distinguaient plus les cas, que l'article fut créé. Mais ce raisonnement n'était pas à la portée de notre grammairien, qui s'étudiait à retrouver dans la langue romane la langue latine tout entière, sans réflexion et sans autre but que l'imitation. Il veut, bon gré, mal gré, reconnaître six cas en roman, par cela seul qu'il existe six cas en latin : aussi ne manque-t-il pas de doter d'un ablatif les noms romans qui n'en ont jamais eu, non plus que les substantifs français. C'est donc bien gratuitement qu'on lui supposerait l'intention d'avoir voulu établir une théorie nouvelle et propre à son idiome. Il n'y pas songé, pas plus que Raymond Vidal.

Il faut bien remarquer ce passage de Faidit : « Le nominatif se « reconnaît par LO, le génitif par DE, le datif par A, l'accusatif par « LO. Et ne peut l'accusatif se distinguer du nominatif, sinon par « ceci, que le nominatif singulier, *quand il est masculin,* veut *s* à « la fin. » Où est la règle générale? elle est dans cette proposition : *ne peut l'accusatif se distinguer du nominatif.* Où est l'exception? dans la proposition suivante : *sinon,* etc. Notez que cette exception est soumise elle-même à des exceptions nombreuses.

Voilà deux passages du même grammairien conçus dans un esprit tout différent ; là, préoccupé par l'imitation du latin, il voit dans l'identité de désinences des noms féminins vulgaires une exception, une infraction aux lois de la grammaire ; ici, occupé de l'article, qui est un mot particulier à son idiome, il prononce en thèse générale que l'accusatif ne diffère pas du nominatif, et cela avec raison. Le *s* final et les doubles formes ne sont autre chose que des ruines latines, des débris qui encombrent la nouvelle langue sans aucune utilité. Les deux romanes du midi et du nord ont été longtemps embarrassées de ces langes, comme le papillon encore enveloppé de sa chrysalide ; et c'est celle qui la première paraît s'être déchargée de ces superfluités, qui a étouffé l'autre, en passant rapidement de l'enfance à la virilité.

On a déjà avancé cette opinion ; mais une objection s'est élevée assez spécieuse pour mériter réfutation. On a dit : le *s* ne s'est pas seulement conservé dans les mots où il existait originairement ; il a été ajouté à d'autres mots qui n'avaient pas cette lettre finale en latin. — Je réponds d'abord : on ne l'a pas ajouté à la plupart des mots latins où il n'existait pas, et qui forment plusieurs séries d'exceptions à la règle générale, suivant nos grammairiens. En second lieu, si le *s* a été ajouté, c'est par analogie, et par une analogie qui n'a rien que de très-naturel. Presque tous les noms neutres latins qui n'avaient pas le *s* final (les noms en UM, en E, etc.) sont devenus masculins, en passant dans la langue romane ; ils ont pris par conséquent l'article LO, comme les noms primitivement masculins ; et de même qu'ils prenaient l'article LO, ils ont pris le *s* final ; c'est une conséquence presque forcée [1]. Jamais les lois de l'analogie, qui président à la formation des langues, ne sont mieux suivies que dans l'enfance de ces langues. Quant aux noms masculins eux-mêmes, ils avaient originairement le *s* pour la plupart ; et d'ailleurs c'est bien moins la présence de ce *s* au nominatif singulier que son absence au nominatif pluriel, qu'il faut considérer. — Faidit ne reconnaît que trois déclinaisons ; il classe dans la seconde tous les noms qui ne prennent pas le *s au nominatif pluriel*. Or, d'après la division des meilleurs grammairiens latins, la seconde déclinaison comprend des noms masculins, féminins et neutres dont aucun ne prend de *s* au nominatif pluriel.

La conservation du *s* dans les mots où il existait originairement résulte, suivant moi, d'un accident de prononciation. Cette consonne finale devait plaire à la bouche des barbares, qui n'ont ja-

---

[1] Faidit remarque très-judicieusement que, suivant la *grammaire*, les noms neutres latins, ou du moins la plupart d'entre eux, ne prennent pas le *s* final. — Voici ses propres expressions : « Hic non sequitur vulgare grammaticam in neutris substantivis, quia secundum grammaticam non debet poni *s* in fine. ».

mais pu adopter le *m* ou le mugissement latin, comme l'appelle De-
nina. Le *s* est encore aujourd'hui une lettre que les méridionaux
prononcent très-volontiers, et font sentir à la fin des mots. Cette
consonne a d'ailleurs été de tout temps dans l'Europe néolatine un
instrument euphonique que le peuple affectionne encore, et dont
l'emploi abusif constitue ce qu'on a plaisamment appelé *velours*. Si
cette prédilection a pu faire conserver le *s* final latin, elle a dû,
jointe à l'analogie, en multiplier l'usage. Ce n'est pas ici une pure
hypothèse. Raymond Vidal ne dit-il pas que certains mots s'allongent
à tous les cas par habitude de prononciation, et parce qu'ainsi ils se
disent d'une manière plus agréable? Les deux grammairiens s'ac-
cordent aussi sur ce point, que tous les adverbes terminés en EN
(et il n'y en a guère d'autres) peuvent indifféremment se terminer en EN ou en ENS. C'est encore là une question d'euphonie. Il n'est
pas hors de propos de remarquer que Faidit et Raymond Vidal se
servent partout des mots *dire, parler*, et nulle part du mot *écrire*.
De l'orthographe, il n'en est pas question. Ce qui prouve deux
choses : 1° que le *s* final se faisait sentir dans la prononciation (fait
qui milite en faveur de la thèse que je soutiens) ; 2° qu'il n'y avait
pas à proprement parler d'orthographe à cette époque, ce qui
s'aperçoit de reste à la lecture des manuscrits.

Quelques mots encore sur les noms ou adjectifs à double forme.
Ici, dit-on, l'intention de distinguer le sujet du régime se révèle
bien nettement. Si le *s* ne s'attachait pas à ces sortes de mots,
c'est qu'il était inutile. Cette objection ne me paraît pas plus fondée que la première, et voici pourquoi : c'est que tous les mots romans à double forme proviennent, à quelques rares exceptions près,
des déclinaisons latines imparisyllabiques. Telle est, à mon sens,
la vraie cause de ces différences, de ces inégalités dans les divers
cas ; c'est encore là une ruine latine. J'aurai l'occasion de revenir
plus tard sur cette question en examinant une série de chartes latines
ou romanes, du onzième et du douzième siècle, documents curieux
qui nous font assister, pour ainsi dire, à la décomposition de la
langue latine, et où je chercherai la loi de cette décomposition. Je
reprends l'examen de la grammaire de Faidit.

Voici comment il divise les déclinaisons : la première comprend
tous les noms et les adjectifs terminés en A, lesquels n'ont qu'une
désinence pour le singulier et une autre pour le pluriel. — Tous
ces mots sont féminins, à l'exception des suivants : *propheta, gaita,
esquiragaita, papa.*

La seconde déclinaison renferme tous les mots, substantifs ou adjectifs, qui ne prennent pas le *s* final au nominatif pluriel.

La troisième se compose de tous les participes terminés en ANS ou en ENS (participes présents), et de tous les noms féminins dont le nominatif singulier et le nominatif pluriel finissent en ATZ. « Je ne « trouve pas en Vulgaire, ajoute Faidit, d'autres déclinaisons que « ces trois-là. »

Les mots indéclinables forment une classe à part.

Dans cette division ne sont pas compris nommément les mots féminins en OR et en ON ; mais ils rentrent évidemment dans la troisième catégorie avec les noms en ATZ, qui se déclinent de même. M. Raynouard n'a pas cru devoir adopter cette classification, qui paraît cependant très-rationnelle et très-claire, et qui a pour base les règles énoncées plus haut.

La classification des verbes n'est pas moins claire ; mais elle était plus facile à établir. Faidit admet quatre conjugaisons, qui se composent, savoir : la première, des verbes en AR ; la deuxième, des verbes en ER ; la troisième, des verbes en IRE et en ENDRE ; la quatrième, des verbes en IR. — Il va sans dire que tous les verbes en RE se rangent dans la troisième conjugaison. M. Raynouard a modifié ainsi cette division, et avec raison.

AR, ER OU RE, IR OU IRE.

Il n'est pas question dans le *Donatus Provincialis* des verbes auxiliaires, au moins d'une manière spéciale ; mais l'auteur a rempli cette lacune à l'occasion des verbes passifs, dont la formation, à l'aide des verbes auxiliaires, est expliquée dans le plus grand détail. Il y a trois auxiliaires dans la langue romane, et non pas deux, comme le dit M. Raynouard, qui confond à tort ESTAR, verbe complet, et ESSER, verbe défectif. Le troisième auxiliaire est AVER.

Faidit conjugue successivement les verbes de chaque classe, en indiquant avec soin les particularités qu'offrent certains temps ou certaines personnes. C'est ainsi qu'il pose les règles suivantes :

« La première personne du présent de l'indicatif est double dans les verbes de la première conjugaison : on peut dire indifféremment *ami* ou *am* (j'aime), *chanti* ou *chan* (je chante), etc.

« C'est une règle générale que la troisième personne du pluriel est double dans tous les verbes et à tous les temps ; elle peut se terminer en EN ou en ON. »

« La première personne se double dans tous les verbes, au temps présent de l'indicatif seulement ; on peut donc dire : *eu senti* ou *eu sens* (je sens), *eu dizi* ou *eu dic ;* mais il vaut mieux dire le plus court que le plus long. »

« Les verbes de toutes les conjugaisons se ressemblent (c'est-à-dire ont une désinence identique) au futur ; car tous se terminent ainsi : *amarai, ras, ara, amarem, retz, ran* ou *amarau.* »

« L'impératif des verbes de la première conjugaison se termine en A bref à la seconde personne. »

Faidit reconnaît un optatif en roman, et indique les terminaisons qui caractérisent les divers temps de ce mode. Il entre à ce sujet dans de minutieux détails, et fait connaître les formes doubles qu'affectent plusieurs verbes au présent de l'optatif, comme *voler,* qui fait *volgra* ou *volria ; tener,* qui fait *tengra* ou *tenria,* etc., etc.

Il se borne à indiquer le présent et le prétérit imparfait de l'infinitif. « Quant aux autres temps, dit-il, ils ne sont pas usités en Vulgaire, ou très-peu. » Il ajoute : « Je n'ai pas besoin non plus de parler du passif, car il se reconnaît partout par l'emploi de ce verbe : *sum, es, est*[1], qui veut le nominatif avant et après lui. »

« Les verbes de la seconde, de la troisième et de la quatrième conjugaison sont fort divers. Exemple : *eu escriu* ou *eu escrivi, tu escrius* ou *tu escrives*, *cel escri* ou *escriu,* etc., etc. » Remarquez que, malgré la différence caractéristique des désinences, provenant de l'imitation latine, le grammairien conjugue les verbes avec les pronoms, comme nous le faisons maintenant. M. Raynouard n'a pas cru devoir adopter ce système.

Il serait trop long de traduire ici toutes les observations importantes de Faidit sur les verbes : on pourra les lire dans le texte, ou dans la grammaire de M. Raynouard, où elles se trouvent reproduites presque textuellement. Il n'est pas une règle de quelque valeur qui ait échappé à la sagacité de notre grammairien, beaucoup plus complet sous ce rapport que son confrère Raymond Vidal. Il traite le chapitre des noms et celui des verbes, c'est-à-dire les deux plus difficiles, de manière à se faire pardonner l'accès d'amour-propre qui lui prend à la fin de son ouvrage. Les autres chapitres sont loin d'être aussi satisfaisants ; mais Faidit pensait sans doute comme Raymond Vidal, que les mots qui n'ont qu'une forme, comme l'adverbe, la conjonction, la préposition ne méritent pas un examen détaillé. C'est peut-être la raison qui lui a fait omettre complétement la préposition et l'inter-

---

[1] Il cite ici les formes latines.

jection, qui sont mentionnées seulement pour mémoire dans son énumération des diverses espèces de mots.

La grammaire de Faidit se termine par un *rimario* assez long, qui a fait dire à M. Raynouard[1] : « Ce qui rend le *Donatus Provin-* « *cialis* un monument très-précieux et très-utile, c'est qu'il y est « joint un dictionnaire de rimes pour la poésie romane. Non-seule- « ment il indique un très-grand nombre de mots romans, mais en- « core il présente, dans la plupart des rimes, différentes inflexions « des verbes, et toutes les terminaisons qui fournissent les rimes « sont distinguées en brèves (*estreit*) et en longues (*larg*). »

Si je n'avais vu dans le *Donatus Provincialis* que ce genre d'utilité, je ne le publierais pas aujourd'hui, et surtout je n'en retrancherais pas le dictionnaire de rimes. Il m'a semblé que cette partie de l'ouvrage ne pouvait servir maintenant qu'à la lexicographie, et c'est ce qui m'a déterminé à la distraire de la partie purement grammaticale. La même raison m'a fait retrancher de la grammaire elle-même les longues nomenclatures de verbes qu'elle contient, et que l'on pourrait publier, avec la traduction latine qui les accompagne, dans un recueil où seraient réunis les divers monuments encore inédits de la lexicographie romane du moyen âge.


## II.


## LA DREITA MANIERA DE TROBAR.


Raymond Vidal, l'auteur de ce traité, je dirais presque de cet art poétique, si je n'en consultais que le titre, a inscrit son nom en tête de son ouvrage. Il débute par où finit Hugues Faidit, par l'apologie de sa science et de son livre. Mais il se tire de cette tâche difficile avec plus d'esprit que son confrère. Il ne défie pas la critique ; il ne lui jette pas le gant, comme Faidit, en s'écriant : Qui osera le ramasser ? Il cherche à deviner les reproches que l'on pourra lui adresser, et les repousse d'avance par des raisonnements qui ne sont pas sans valeur. Il admet du reste qu'il a pu se tromper, manquer de mémoire ou même d'intelligence. On ne peut pas tout savoir, dit-il avec naïveté. Je le laisse parler luimême.

[1] *Monum. de la lang. rom.*, p. CLII ; *Choix des poésies orig. des Troub.*, t. II.

« Je me suis aperçu, moi Raymond Vidal, et j'ai remarqué que
« bien peu de gens ont su ou savent la vraie manière de *trouver* ;
« c'est pourquoi je veux faire ce livre pour faire connaître à ceux
« qui voudront l'apprendre quels sont les troubadours dont les poé-
« sies et les enseignements sont les meilleurs. Si je m'étends un
« peu trop sur certains points, que je pourrais traiter plus briève-
« ment, ne vous en étonnez pas. Les préceptes de la science qui
« sont exposés trop brièvement prêtent à l'erreur et à la discussion.
« Aussi je ne me ferai pas scrupule d'allonger tel passage que l'on
« pourrait abréger. Si j'omets quelque chose, si je me trompe sur
« quelque point, ce sera peut-être par oubli (car je n'ai vu ni en-
« tendu toutes choses de ce monde), peut-être aussi sera-ce par
« erreur d'intelligence. C'est aux habiles à me reprendre. Il ne
« manquera pas de gens, je le sais, qui trouveront à redire à mon
« ouvrage ou qui s'écrieront : « Il aurait dû ajouter ceci ou cela, »
« lesquels ne sauraient pas seulement en faire le quart, s'ils ne
« trouvaient la besogne aussi bien préparée. »

C'est en ces termes que débute notre grammairien. Il faut
avouer que quelques-unes de ses idées sont d'un grand sens et em-
pruntent un certain charme à la singularité de leur forme. Il y a
telle pensée dans ce court passage qui rappelle des vers de Boileau.
Raymond Vidal connaît tout le mérite de la brièveté ; mais il
craint l'écueil signalé par le poëte :

> J'évite d'être long et je deviens obscur,

Il ne veut pas :

> Aux Saumaises futurs préparer des tortures.

Enfin sa dernière réflexion n'est que la paraphrase de ce vers si
connu :

> La critique est aisée et l'art est difficile.

L'esprit et le bon sens sont choses assez rares dans les ouvrages du
moyen âge pour mériter l'attention, quand on les y rencontre.
Aussi ne craindrai-je pas de reproduire ici tout le prologue de
cette grammaire, en m'efforçant de traduire la pensée plutôt que
les mots. Raymond Vidal continue ainsi :

« Après cela, il y aura des habiles qui, quoique mon ouvrage
« soit bon, sauront y faire des améliorations ou des additions. C'est
« qu'il est très-difficile de trouver une production assez savante et
« assez supérieure, pour qu'un homme habile ne puisse l'amélio-

« rer ou y ajouter. C'est pourquoi je vous dis qu'il ne faut rien re-
« trancher ni rien ajouter à une œuvre, dès qu'elle est satisfaisante
« et qu'elle marche bien. »

Remarquez la justesse de cette pensée : il ne faut pas toucher à
l'intégrité d'un ouvrage ; lorsque l'ensemble en est bien, il faut
l'accepter avec ses défauts et ses qualités, sans y rien ajouter, sans
en rien retrancher. Que dirait de mieux un critique moderne?

Voici d'autres observations, entremêlées de traits satiriques,
qui seraient encore de mise aujourd'hui :

« Les troubadours sont trompés à l'endroit de leur science : je vais
« vous  en dire le comment et le pourquoi. Il y a des gens privés d'en-
« tendement, qui, après avoir écouté une bonne chanson, feront sem-
« blant de la comprendre fort bien et n'y entendront rien ; ils se croi-
« raient déshonorés s'ils disaient qu'ils n'y entendent rien. Par ainsi,
« ils se trompent eux-mêmes ; car c'est montrer le plus grand sens
« du monde .que de demander et de vouloir apprendre  ce qu'on
« ne sait pas. Ceux qui ont de l'entendement, lorsqu'ils ont ouï un
« mauvais troubadour, lui feront par politesse l'éloge de sa chanson ;
« et s'ils ne veulent pas le louer, tout au moins ils ne voudront pas
« le critiquer. C'est ainsi que les troubadours sont trompés ; et la
« faute en est à leurs auditeurs ; car c'est un des plus grands mérites
« du monde que de  savoir louer ce qu'il faut louer, et blâmer ce
« qu'il faut blâmer.

« Ceux qui croient être des gens entendus et qui ne le sont pas,
« ne veulent pas apprendre par outrecuidance, et  ainsi ils demeu-
« rent dans leur erreur. Je ne dis pas que je puisse rendre habiles
« et entendus tous  les  hommes du monde ; mais si je n'ai pas cette
« prétention, je  veux  du  moins  faire ce livre pour un certain
« nombre. »

Cet avertissement au lecteur du treizième siècle vaut bien, à
mon sens, plus d'une préface de fraîche date ; il se recommande
par une franchise et une liberté de pensée qui ne se cache sous
aucune formule. On n'y lit de compliments à personne ; et il s'y
trouve des vérités pour le plus grand nombre. On peut se faire une
idée, par ce seul morceau, de l'auteur et de l'ouvrage. Raymond
Vidal n'est pas seulement un grammairien, un savant comme Faidit ; c'est un littérateur, un critique, dans le sens moderne du mot.
Il ne se borne pas à éplucher des pronoms, et à écosser des adverbes,
comme l'a dit plaisamment un spirituel académicien ; il entremêle
ses leçons de grammaire de préceptes plus relevés sur la com-

position et le style, de réflexions sur la *langue limousine*, sur le mérite absolu et relatif de cet idiome, de considérations sur les sources de l'inspiration poétique. Aussi serais-je tenté, pour résumer son livre, d'en traduire ainsi le titre, avec toutes les réserves d'usage : *le Manuel du Troubadour*.

Ecoutons ce qu'il dit du gai savoir et de la popularité de la chanson :

« Chrétiens, Juifs et Sarrazins, empereurs, princes et rois, ducs, « comtes et vicomtes, comtors et vavassors, clercs, bourgeois et « vilains, tous, petits et grands, emploient chaque jour leur enten- « dement à *trouver* et à chanter, soit qu'ils veuillent composer, soit « qu'ils veuillent comprendre, soit qu'ils veuillent parler, soit qu'ils « veuillent entendre. Il n'est pas de lieu si retiré et si solitaire, dès « qu'il y a des hommes, peu ou prou, où l'on n'entende l'un ou « l'autre, ou tous ensemble chanter. Les bergers de la montagne « n'ont pas de plus grand plaisir que le chant. Tous les malheurs et « toutes les joies de ce monde sont chantés par les troubadours, et « il n'est pas de trait malin, dès qu'un troubadour l'a mis en rimes, « qui ne soit rappelé tous les jours ; car *trouver* et chanter c'est « ce qui met en mouvement tous les sentiments vifs et élevés[1]. »

C'est à peu près ainsi, mais avec beaucoup moins de simplicité, que débutent les *Leys d'amor*. Il est curieux de comparer le ton pédantesque qui règne dans cette introduction, et l'éloge pesant qu'on y fait du gai savoir et de la chanson, avec le style gracieux et facile de Raymond Vidal. Voici comment s'exprime l'auteur ou plutôt le compilateur des *Leys d'amor* :

« Comme l'a dit le philosophe, tout le monde veut avoir la « science, d'où naît le savoir ; car du savoir naît l'instruction ; « de l'instruction, le sens ; du sens, le bien-faire ; du bien-faire, « le mérite ; du mérite, la louange ; de la louange, l'honneur ; de « l'honneur, l'estime ; de l'estime, le plaisir ; et du plaisir, la joie « et l'allégresse. Or, comme l'a dit Caton et comme le prouve l'ex- « périence, tout homme avec la joie et l'allégresse, quand l'occa- « sion s'en présente, supporte et endure mieux toute espèce de « peine, c'est-à-dire toutes les misères, toutes les angoisses et les « tribulations par lesquelles il nous faut passer dans cette vie. Gé-

---

[1] Il y a dans le texte : « car trobar et chantar sont movemens de totas galliardias. » Il faut désespérer de traduire de semblables phrases. J'ai essayé vainement de rendre toute l'étendue du mot *galliardias*, qui est loin de signifier *gaillardises*, dans le sens que nous donnons à cette expression.

« néralement avec la joie et l'allégresse, l'homme devient meil-
« leur dans ses actions, et sa vie est plus régulière que lorsqu'elle
« s'écoule dans la tristesse. En effet, de même que la joie et l'allé-
« gresse réconfortent le cœur et nourrissent le corps, conservent
« l'énergie des cinq sens, le jugement, l'intelligence et la mémoire,
« de même le chagrin et la tristesse absorbent le cœur, flétris-
« sent le corps, dessèchent les os et détruisent les facultés susdites.
« D'ailleurs, il plaît à Dieu, notre souverain maître, seigneur et
« créateur, que l'on se voue à son service avec joie et allégresse de
« cœur, suivant le témoignage du Psalmiste qui dit : « Chantez et
« réjouissez-vous en Dieu ! [1] »

Cet éloge de la gaie science était évidemment son oraison funè-
bre ; il n'y manque rien pour le rendre digne de la chaire, pas
même le texte sacré dont il offre le développement lugubre.
C'est pourtant par des gaillardises de cette légèreté que les sept
bourgeois toulousains, fondateurs des jeux Floraux, espéraient faire
revivre le gai savoir et les amours. Si quelque troubadour se fût
avisé, aux beaux temps de la poésie romane, de réciter pareil ser-
mon devant la comtesse de Die ou la comtesse de Narbonne, on l'eût
à coup sûr traduit devant une cour d'amour, et jugé sévèrement
comme un méchant, capable d'attrister toute la Langue d'oc. Mais
à l'époque où s'écrivait ce morceau didactique, les vrais troubadours n'existaient plus, et, pour parler le langage du poëte auquel
ils doivent tant, — les chants avaient cessé !

J'ai dit que Raymond Vidal donnait sur son idiome de précieux
renseignements, qu'il en appréciait le mérite absolu et relatif. Il en

---

[1] Segon que dis lo philosophs, tut li home del mon desiron haver sciensa, de
la qual nays sabers, de saber conoyssensa, de conoyssensa sens, de sen be far,
de be far valors, de valor lauzors, de lauzor honors, d'honor pretz, de pretz pla-
zers, et de plazer gaug et alegriers. E car segon que dits Catos, e certa experiensa
ho mostra, tots homs ab gaug ed alegrier, quan locs e temps ho requier, porta
mielhs e suefri tot maniera de trabalh, c'es a saber las miscrias, las angustias,
e las tribulacios per las quals nos cove passar en la presen vida ; e regularmen ab
aytal gaug e alegrier hom en deve miels en sos bos fayts, e sa vida melhura trop
miels que ab tristicia. Qar aissi com gaug, e alegriers cofortal cor, e noyris lo
cors, conserva la vertut d'els .v. sens corporals, el sen, l'entendement, et la
memoria : ayssi ira, e tristicia cofon lo cor, gasta lo cors et segals osses, e destru
las ditas vertuts. E quar a Deu nostre sobira maestre, senhor e creator platz,
qu'om fassa lo sieu servezi ab gaug ed ab alegrier de cor, segon que fa testimoni lo
Psalmista que dits : *Cantats, e alegrats vos en Deu.*

(Crescimbeni, *Istor. della volg. poes.*, vol. II, p. 211.)

trace aussi la géographie, en lui donnant le nom de *langue limou-sine*. Cette dénomination est connue ; elle est employée par les auteurs espagnols et italiens ; mais je ne sache pas qu'on la trouve dans les écrivains français du moyen âge. Ducange dit à ce sujet :

*At quam Romanam nostri, Limosinam appellavere non modo Itali, sed et Hispani præsertim, apud quos diu in usu fuit.* etc. [1].

« Par langue limousine, il faut entendre, dit Raymond Vidal, « celle que l'on parle en Limousin, en Provence, en Auvergne et en « Quercy. Aussi, ajoute-il, quand je parlerai du Limousin, il fau- « dra entendre tous ces pays, et tous les pays voisins et intermé- « diaires. Tous ceux qui sont nés et qui ont été élevés dans ces « pays ont le parler naturel et régulier ; à moins toutefois que l'un « d'eux ne s'en écarte pour le besoin de la rime ou pour toute autre « cause. Celui-là est le plus instruit qui se soumet aux règles du « langage. Du reste, ceux qui le font dévier et qui le dénaturent « ne croient pas faire aussi mal qu'ils font : ils s'imaginent parler « encore leur langue. »

Ces détails géographiques sont d'un grand intérêt : ils prouvent que la langue romane méridionale se divisait en plusieurs dialectes, ce qui n'a pas été établi jusqu'ici. En revanche, on a beaucoup discuté sur la question de savoir si la langue d'oc l'emportait sur la langue d'oil, et sur cet autre problème, beaucoup plus intéressant : la littérature du Midi a-t-elle précédé celle du Nord ? la seconde doit-elle quelque chose à la première ? etc., etc. Il ne m'appartient pas d'émettre une opinion dans de si graves débats. Je laisse parler Raymond Vidal, qui pourra peut-être, d'une manière indirecte, éclairer cette matière litigieuse, et dont le jugement ne sera pas suspect de partialité.

« La langue française vaut mieux, dit-il, et est plus agréable pour « faire *romans* et *pastourelles* ; mais celle du Limousin est préfé- « rable pour faire *vers* [1], *chansons* et *sirventes*. Dans tous les pays « de notre langage, les chants en langue limousine jouissent d'une « plus grande autorité que ceux d'aucun autre idiome. »

Ce passage si clair et si net me paraît d'une haute importance. Il y est fait une large part à la langue française, et par qui ? par

---

[1] *Præfat. ad Gloss. med. et infim. lat.*, p. xxxviii.

[2] *Vers*, du latin *versus*. Ce mot ne doit pas être pris dans le sens qu'il avait quelquefois en latin et qu'il a en français ; il désigne une espèce de poésie qui portait ce nom. C'est ici une expression technique de la poétique romane.

un enfant du Midi, il faut bien le remarquer, par un littérateur qui paraît avoir été versé dans la connaissance des deux langues. Ce n'est pas là ce *patriotisme de clocher* qui, depuis un certain temps, a percé trop souvent dans la science. Qu'on lise tous les ouvrages de philologie du moyen âge publiés depuis un demi-siècle en Europe ; il en est peu qui renferment un jugement aussi impartial ; il n'en est pas un peut-être qui, par ses tendances ou par son but avoué, ne puisse servir à la biographie de son auteur, en indiquant à point nommé le pays qui l'a vu naître, et jusqu'à la province à laquelle il doit le jour. Les exemples seraient faciles à citer ; mais la liste en pourrait sembler trop longue.

L'opinion de Raymond Vidal acquiert d'autant plus de poids, et mérite un examen d'autant plus sérieux, qu'il fait preuve, en matière de linguistique et de littérature, d'un savoir et d'un goût vraiment remarquables pour son temps. Le passage suivant, qui renferme implicitement une définition fort exacte du mot *dialecte*, alors inusité, prouve que notre grammairien, s'il ignorait le mot, se faisait une juste idée de la chose :

« Il y a des gens qui prétendent que les mots *porta, pan* et *vin* [1]
« ne sont pas limousins, parce qu'on ne les dit pas seulement en Li-
« mousin, mais aussi dans d'autres pays. Ces gens-là ne savent ce
« qu'ils disent ; car tous les mots que l'on *dit* en Limousin *autre-*
« *ment* que dans les autres pays, tous ces mots, dis-je, sont propres
« au Limousin. »

En d'autres termes, c'est la différence de prononciation qui constitue les dialectes, et qui fait que tel mot, prononcé d'une certaine façon, est propre à certain idiome, bien que ce mot se trouve, sous des formes différentes (*d'autras guisas*), dans un ou dans plusieurs autres idiomes.

Voici encore une observation du même genre, qui atteste la sagacité et la finesse d'observation de Raymond Vidal :

« Tous ceux qui disent *amis* pour *amics* et *mei* pour *me* font
« une faute. C'est encore une faute de dire : *mantenir, contenir,*
« *retenir* ; car ce sont là des mots français, qu'on ne doit pas mêler
« à la langue limousine, pas plus qu'aucun autre mot irrégulier [2]. »

---

[1] Porte, pain, vin.

[2] Il y a dans le texte *paraulas biaisas*, des mots de biais, c'est-à-dire des mots qui n'ont pas la forme régulière, des expressions anormales. L'adjectif roman *biais, biaisa* a été omis par M. Raynouard dans son *Lexique*.

Ces détails minutieux se trouvent à la fin de la grammaire de
Vidal, à peu près comme les dictionnaires de locutions vicieuses
terminent souvent aujourd'hui les traités de ce genre. Et de même
que nos auteurs de rudiments se donnent volontiers le plaisir de
relever dans un écrivain classique quelques peccadilles gramma-
ticales, ainsi Raymond Vidal note soigneusement plusieurs fautes
de langue échappées aux plus célèbres troubadours, à Bernard de
Ventadour, par exemple, auquel il reproche précisément l'emploi
du mot *amis*, qui est français. Le fameux Pierre Vidal, son homo-
nyme, peut-être son père, est accusé par lui d'avoir dit *galisc*
pour *galesc*. Toutefois il ne s'exagère pas l'importance de ces
fautes; il en cherche même la cause avec bonne foi : « Je crois
« bien, dit-il, que ces mots peuvent avoir cours dans certains pays,
« où l'on s'en sert naturellement, (*per la natura de la terra*), mais
« ce n'est pas une raison pour qu'un homme entendu et qui a de
« l'instruction parle de travers et dise mal. »

Encore une fois, toutes ces observations attestent un esprit
juste, fin, exercé, et une délicatesse de critique qu'on n'est pas
disposé à prêter à un écrivain didactique du treizième siècle.
Quelle différence entre Raymond Vidal et son confrère Faidit! Ce
dernier est un grammairien complet, c'est-à-dire exact et lourd;
il est savant; mais c'est un savant imitateur, qui a grand'peine à
voler de ses propres ailes. Vidal n'est pas moins savant : il cite
aussi la grammaire latine, mais il ne la calque pas, et en général
il la rappelle avec discernement. Il sait son antiquité; mais il sait
aussi ses troubadours. Il a une érudition nationale, si j'ose m'expri-
mer ainsi; et c'est par là surtout qu'il l'emporte sur Faidit; c'est
par là qu'il se montre neuf et original. Au lieu de dogmatiser avec
la science d'autrui, et de comparer à tout propos et hors de propos l'idiome vulgaire à la langue latine, il cite à l'appui de chaque
règle importante un ou plusieurs passages empruntés aux troubadours du Limousin, de l'Auvergne ou du Quercy, à Bernard de Ventadour, à Giraud de Borneil, à Peyrols. Qu'a-t-on fait de plus et de
mieux depuis? N'est-ce pas là la seule méthode rationnelle? L'A-
cadémie de la Crusca a-t-elle composé autrement son célèbre dictionnaire?

Le choix de cette méthode fait honneur au jugement de Raymond Vidal, à l'indépendance de son esprit. Ce n'était pas un
de ces philologues qui ne voient rien hors de l'antiquité; il
n'aurait pas tourmenté, comme on l'a fait depuis, la langue de

Démosthène et celle de Cicéron, voire même celle de Moïse, pour en faire sortir directement, et sans s'inquiéter des intermédiaires, la langue de Racine, de Bossuet et de Voltaire. Et ce n'est pas ici une admiration d'éditeur, qui se passionne pour son auteur. Transportez-vous à l'époque où écrivait notre grammairien ; supposez pour un instant que vous parlez la langue limousine, et cela purement, d'une manière satisfaisante : puis oubliez-vous un peu ; laissez échapper quelque expression incorrecte en sa présence, et vous l'entendrez vous demander : « Où et quand les bons trou-« badours ont-ils employé cette expression ? » C'était là son *criterium* ; il n'en reconnaissait pas d'autre. Je n'invente rien, je traduis :

« Pour moi quand j'entends parler des gens de ce pays, de ceux
« qui ont un langage reconnu bon, mais qui se gâtent et se servent
« de mauvais termes, je leur demande où les bons troubadours les
« ont employés. »

Mais, s'il considère les ouvrages des bons auteurs comme les vraies sources du langage pur, il ne s'aveugle pas sur les fautes qu'on y peut trouver, et ne se gêne guère pour en dire son opinion. Nous l'avons vu déjà relever des expressions étrangères ou vicieuses dans les poésies de Pierre Vidal et de Bernard de Ventadour. Il ne les tient pas quittes pour si peu, et les tance vertement au sujet de certains temps des verbes dont les flexions ne leur étaient pas très-familières, à ce qu'il paraît, non plus qu'au grand nombre des troubadours. Ils confondaient fréquemment, suivant notre grammairien, la troisième personne du singulier du présent de l'indicatif avec la première, sur quoi il leur donne la leçon suivante :

« Vous devez savoir que *trai, atrai, estrai, retrai,* sont du pré-
« sent de l'indicatif, et de la troisième personne du singulier. On doit
« les employer ainsi, et dire par exemple : *aqel trai lo caval del es-*
« *table* (il tire le cheval de l'étable), ou : *aqel retrai bonas novas* (il
« rapporte de bonnes nouvelles), ou encore : *aqel s'estrai d'aco qe a*
« *convengut* (il s'écarte de ce dont il est convenu), et enfin : *aqel*
« *atrai gran ben al sieu* (il joint un grand bien au sien). A la pre-
« mière personne on dit : *Jeu trac lo caval del estable* (je tire le
« cheval de l'étable), etc., etc. »

Ce passage, fort utile pour les troubadours qui ne savaient pas leurs conjugaisons, est aussi de quelque intérêt pour nous, en ce qu'il précise par des exemples simples et clairs, le sens du verbe *traire* et de trois de ses dérivés, lesquels ne sont pas toujours d'une

intelligence facile, malgré la connaissance de leur étymologie.
C'est pour corriger les troubadours, que Vidal s'est donné la peine
d'établir la distinction qui précède; il a avancé que bon nombre
d'entre eux s'étaient mépris sur ce point : fidèle à son système, il
cite en preuve de cette assertion, des vers de Bernard de Ventadour, et les cite en indiquant, comme on le fait encore, le premier
vers de la pièce à laquelle il les emprunte. Les Mss. des troubadours
accusent toutes les fautes qu'il signale, et pour une bonne raison,
c'est que ces fautes sont dues aux exigences de la rime. On sait que
les poëtes de l'époque n'étaient pas fort scrupuleux à cet endroit;
mais Raymond Vidal est intraitable, et ne veut pas que la grammaire se prête, même en poésie, à des concessions qui la désho-
norent.

La rime est une esclave, et ne doit qu'obéir.

Il le dit, ou peu s'en faut: « Bien des gens objecteront peut-être
« qu'avec *trac* et *retrac* la rime n'irait pas. A ces gens là on peut ré-
« pondre que c'est au troubadour à chercher des rimes qui ne soient
« pas irrégulières, et qui ne faussent pas les personnes des verbes. »
Si l'on peut penser que Raymond Vidal en signalant, dans son
prologue, les inconvénients d'une trop grande brièveté, se rappe-
lait le *brevis esse laboro* d'Horace, on ne croira sans doute pas que
ce précepte, relatif à la rime, soit une réminiscence. Raymond
Vidal y tient, et avec raison; il en reproche l'oubli à Giraud de
Borneil, *dans une bonne chanson,* à Peyrols, à Pierre Vidal, et au
troubadour-évêque, à Folquet de Marseille lui-même. « Je vous
« ai prouvé, ajoute-t-il, que beaucoup de bons troubadours ont fait
« des fautes : que cela vous serve de leçon. Gardez-vous des mau-
« vais. C'est bien assez des expressions vicieuses que l'on pourrait
« rencontrer dans les meilleurs, si l'on voulait bien les y cher-
« cher. »
Raymond Vidal annonce dès son début qu'il n'est ni maître ni
parfait (ce sont ses expressions), mais qu'il en dira assez en pre-
nant son bon sens pour guide, pour qu'à l'aide de ses leçons on
puisse composer sans scrupule (*ses tota vergoigna*). Il tient parole;
et les preuves qu'il donne de son sens et de son goût sont tellement
multipliées dans cet opuscule, qu'il faudrait le traduire presque en
entier pour les rapporter toutes. Quelques mots encore. Notre
grammairien termine son traité par des observations générales,

par des conseils aux poëtes, qui valent la peine d'être appréciés.

« On doit se garder, dit-il, de faire une chanson ou un roman
« dans un langage incorrect ou en mélangeant des mots de deux
« idiomes. »

Avec de tels principes, que devait-il penser de ce *descort* de
Rambaud de Vaqueiras, où, selon Crescimbeni [1], la première
stance est en roman, la deuxième en toscan, la troisième en français, la quatrième en gascon, la cinquième en espagnol et la
sixième en ces cinq idiomes mélangés? Il n'en aurait pas eu meil-
leure opinion, quand il n'y aurait vu, comme M. Daunou, « que du
« provençal entremêlé d'expressions empruntées à d'autres lan-
« gues, à peu près comme dans les poëmes macaroniques, où la
« phrase latine est parsemée de mots étrangers [2]. »

Raymond Vidal ne se borne pas à donner des leçons de grammaire aux meilleurs troubadours; il ne leur enseigne pas seulement l'art de parler correctement, il appelle encore leur attention
sur les règles de la composition. Il veut que les chansons comme
les romans aient de l'unité, se tiennent, s'enchaînent au fond
comme dans la forme; il veut de la suite dans les idées et dans le
style; et certes ce précepte n'était pas inutile aux poëtes du moyen
âge. Plût à Dieu qu'ils l'eussent médité et suivi! Aussi n'est-on
pas tenté de voir là une règle banale, un lieu commun de rhétorique. En cette occasion comme ailleurs, Raymond Vidal ne par-
lait sans doute que par expérience, et je voudrais croire que ce
passage lui fut inspiré par la lecture de quelque épopée aux proportions gigantesques, que sa conscience de grammairien lui fit
seule un devoir d'achever.

Je ne sais trop pourquoi, ayant tant et de si belles occasions
d'exercer sa critique et de déployer une juste sévérité, il a été si
malencontreux dans le choix du coupable. Il voulait reprocher à
quelque poëte le défaut de suite : il n'avait qu'à prendre; mais il
a eu la main malheureuse, et ses reproches ne sont pas fondés, du
moins littérairement parlant. Il s'avise de trouver mauvais et contraire à la saine logique le trait suivant de Bernard de Ventadour.
Ce troubadour, comme il arrivait souvent à ses confrères en poésie
et en amour, eut à se plaindre un jour des rigueurs de sa dame.

---

[1] *Istor. della volg. poes.*, t. II. *Vite de P. prov.*, p. 56.

[2] *Disc. sur l'état des lettres au treizième siècle. Hist. litt.*, t. XVI, p. 202.

De là une chanson ; car les troubadours chantaient leurs peines comme leurs plaisirs, et aussi volontiers[1].

Jusque-là tout est conforme aux us et coutumes de l'époque. Voici le mal : « Dans les quatre premiers couplets de cette chan- « son, dit Vidal, Bernard de Ventadour répète qu'il aime tant sa « dame, que pour rien il ne s'en pourrait séparer, et ne s'en sépa- « rerait. Et dans le cinquième couplet (notez bien ceci), dans le « cinquième couplet, il dit : Me voici maintenant échu en partage « aux autres femmes ; l'une d'elles peut, si bon lui semble, me « prendre à son service[2]. »

C'est là ce que Raymond Vidal appelle défaut de suite[3]. A merveille ! Mais d'où vient la faute ? de l'esprit ou du cœur ? à qui s'en prendre ? au poëte ou à l'amant ? Le bon grammairien n'a eu souci de cette abstraction ; il s'est adressé tout droit au poëte, son justicia- ble, lequel, s'il eût vécu, n'eût pas manqué sans doute de décli- ner sa compétence sur ce point, et de demander renvoi devant une cour d'amour, qui l'eût acquitté, je vous le jure, tant était facile et indulgente la jurisprudence de ces tribunaux ! Il y a même tout lieu de croire que le jury féminin se serait égayé quelque peu aux dé- pens du pauvre critique. Aussi, où a-t-il été se fourvoyer ? qu'a- vait-il affaire de reprendre cette palinodie ? Le mouvement est brusque ; je l'avoue ; la transition n'est pas ménagée ; d'accord. Mais c'est inconstance, c'est humeur volage de troubadour, qui échappe à la critique littéraire, même quand elle se traduit en chansons. On devine facilement que Raymond Vidal n'avait pas mé- dité sur le sentiment comme sur les conjugaisons, qu'il n'en con- naissait pas tous les modes et toutes les variations. Le trait final du poëte, qui ne trouve pas grâce aux yeux du sévère grammai- rien, n'est qu'une boutade charmante jetée à dessein à la fin de la pièce ; c'est une feinte du troubadour, qui veut piquer au vif la ja- lousie de sa dame ; ou plutôt c'est le résultat soudain d'un de ces accès de dépit qui surviennent au milieu des transports de la plus vive passion. Molière, qui savait tous les secrets du cœur, a mis dans la bouche d'Alceste dépité, et poussé à bout par les coquetteries

[1] Cette chanson est celle qui commence par ce vers :
Ben m'an perdut de lui vas Ventedor.

[2] A las autras sui ueimais eschagutz
Car unam pot, sis vol, a sou ops traire.

[3] Razons mal continuadas et mal seguidas.

de Célimène un langage analogue à celui de Bernard de Ventadour. Alceste ne s'écrie pas, il est vrai, avec la fatuité cavalière qui distingue le troubadour, l'homme à bonnes fortunes : Me voici à la disposition des autres femmes! mais il va trouver Éliante et lui dit :

> Vengez-moi de ce trait qui doit vous faire horreur !
>
> ÉLIANTE.
>
> Moi, vous venger ? comment ?
>
> ALCESTE.
>
> En recevant mon cœur [1].

Bernard de Ventadour, soit dit en passant, se permet souvent dans ses poésies ces sorties brusques et ces palinodies inattendues ; mais il commence d'ordinaire par des doléances et des menaces, et finit par des protestations d'amour, ce qui est plus naturel. La chanson *Estat ai cum hom esperdutz* [2] est un exemple assez curieux de ce genre de rétractation. Elle se termine d'une façon très-tendre, bien que le second couplet soit tout-à-fait dans le style de celui qui encourt le blâme de Raymond Vidal.

« Je m'étais rendu à une dame, dit le poëte, qui ne m'aima jamais de cœur; et je m'en suis aperçu un peu tard. Oui, j'ai perdu mon temps dans un fol espoir; mais patience ! Je suivrai son exemple : je serai l'amant de qui bon me semblera ; j'irai partout porter mes hommages et l'inconstance de mon cœur. »

On peut trouver à redire, comme Raymond Vidal nous l'a prouvé, à ces revirements soudains; mais à coup sûr un tel procédé est plus innocent que celui dont Rambaud d'Orange recommande l'emploi aux amants maltraités. Écoutez cette gentillesse du troubadour en belle humeur :

« Voulez-vous gagner des dames? Quand vous leur demanderez de vous faire honneur, si elles vous font une réponse défavorable, si elles se montrent avares de leur amour, prenez-vous à les menacer ; que si elles vous font une réponse pire, donnez-leur du poing par le nez [3] ! »

Que dirai-je encore de notre grammairien? qu'il a été plus heureux ailleurs, comme on a déjà pu le voir, et que ses remarques intéressantes compensent avantageusement la méprise comique

---

[1] Misanthrope, acte IV, sc. II.

[2] Voyez le *Lexique roman* de M. Raynouard, t. I (*Choix de poésies*), p. 329.

[3] Rambaud d'Orange : *Assatz sai d'amor*. (Ibid., p. 325.)

...ue il est tombé. Du reste, il ne faut pas s'attendre à le trouver aussi complet que Faidit, si ce n'est peut-être sur la prétendue distinction des *sujets et des régimes*. On a déjà dû plus haut apprécier le soin avec lequel il a traité cette grave matière. Quoi qu'il en soit, on reconnaît partout dans son ouvrage le même genre de supériorité, celui que donne le bon sens, le goût et l'esprit.

## III.

### NOTICE DES MANUSCRITS, OBSERVATIONS.

Il existe deux versions du *Donatus Provincialis*, l'une romane, l'autre latine. On connaît trois Mss. de la version romane, qui sont conservés : l'un à la bibliothèque Laurentienne, à Florence, l'autre à la bibliothèque Riccardi, dans la même ville, et le troisième à la bibliothèque Ambrosienne de Milan. La version latine se trouve, ainsi que le traité de Raymond Vidal, dans un autre Ms. de la bibliothèque Laurentienne, et, à Paris, dans le Ms. 7534 (ancien fonds latin) de la bibliothèque du Roi[1].

Je publie les deux versions du *Donatus Provincialis*, et la grammaire de Raymond Vidal d'après une copie des deux Manuscrits de la bibliothèque Laurentienne[2], et d'après le Manuscrit de la bibliothèque du Roi. Je ne parlerai que de ces trois Mss., les seuls sur lesquels je puisse donner des renseignements certains.

Le premier, celui qui renferme la version romane de l'ouvrage de Faidit, appartenait autrefois aux archives de l'OEuvre de *Santa Maria del Fiore*, l'église cathédrale de Florence. Il a été transporté récemment à la bibliothèque Laurentienne, où il est conservé

---

[1] *Voyez* M. Raynouard, *Choix des poésies orig. des Troub.*, t. II. *Monum. de la lang. rom.*, p. CL.

[2] Je dois cette copie à l'obligeance d'un jeune artiste de mes amis, M. Bourette, qui l'a fait exécuter à Florence d'après mes indications, par un copiste dont je ne saurais louer l'habileté. Heureusement la version latine du *Donatus Provincialis* m'a aidé à restituer le texte provençal, *et vice versâ*. Quant au traité de Raymond Vidal, le Ms. de la Bibliothèque du Roi m'a servi à corriger les erreurs de la copie florentine, et réciproquement. J'ai profité également de quelques citations faites par des savants italiens, pour donner aux textes toute la correction possible.

sous le N° 187. Ce Ms. est en parchemin, et d'une écriture du XIII<sup>e</sup> siècle, au jugement d'un des bibliothécaires florentins. Crescimbeni, qui en avait une copie, en fait mention dans son histoire de la poésie vulgaire[1]. Bastero en a cité des fragments assez longs dans l'ouvrage curieux, mais inachevé, qui a pour titre *La Crusca Provenzale*[2]. Voila tout ce que je sais de ce manuscrit.

Celui qui contient la version latine du *Donatus Provincialis* et le traité de Raymond Vidal est conservé à la bibliothèque Laurentienne sous le N° 42 (Pluteo XLI). Il a été décrit avec le plus grand soin, comme presque tous les Mss. de cette bibliothèque, dans le précieux catalogue de Bandini[3]. C'est d'après cette description surtout qu'il est permis d'apprécier approximativement l'époque à laquelle ont pu être composés les deux ouvrages que je publie. J'en extrais les points principaux.

Le Ms. est un in-4°, en parchemin, des premières années du quatorzième siècle. Il est à deux colonnes, avec titres et initiales en rouge, et se compose de quatre-vingt-douze feuillets écrits. Il contient d'abord, du fol. 1 au fol. 67, des poésies de plusieurs troubadours et leurs biographies. Le *Donatus Provincialis* latin commence au fol. 67, et se termine au fol. 78. Entre cette grammaire et celle de Raymond Vidal, qui va du fol. 79 au fol. 83, se trouve une nomenclature de mots romans, rangés par ordre alphabétique et traduits en Italien. On lit la mention suivante après la grammaire de Raymond Vidal : PETRUS BERZOLI DE EUGUBIO[4] FECIT HOC OPUS. Viennent ensuite deux ouvrages écrits en français : l'un est un poëme sur les vices et les vertus des femmes ; l'autre est un recueil de moralités, bien connu sous ce titre : *Le livre de Sénèque*, et dont il existe plusieurs versions en roman du Midi et du Nord. Celle-ci est française et datée de la manière qui suit : *Deo gratias. Amen. Anno Domini millesimo trecentesimo X. indict. VIII, tempore domini Clementis papæ V. die XXVIII mensis Martii*[5].

Il résulte de cette date et de la place occupée dans le Ms. par

---

[1] *Istor. della volg. poes.*, vol. II, part. I, p. 27. Venezia, 1731.

[2] *La Crusca Provenzale*, ovvero le voci, frasi, e maniere di dire che la gentilissima, e celebre lingua Toscana, ha preso dalla Provenzale, etc. *Opera di Antonio Bastero*, vol. I, prefaz, p. 2, 109, 110 et passim.

[3] *Catal. cod. Mss. Bibliot. Mediceæ Laurentianæ*, t. V, p. 166. — Ed. Bandinius. Florentiæ, 1778, in-fol.

[4] *Eugubio* ou *Gubio*, ville d'Italie, au pied de l'Apennin.

[5] *Catal. cod. Mss. Bibliot. Med. Laurent.*, t. V, p. 167.

l'ouvrage auquel elle se rapporte, que la composition de nos deux grammaires est antérieure à l'an 1310. Voilà un fait certain, auquel on peut ajouter quelques conjectures. Et d'abord remarquez que le Ms. se divise en deux parties bien distinctes. La mention qu'on lit au fol. 82 indique, ce me semble, qu'il se terminait là dans l'origine, et qu'on a profité postérieurement des feuillets blancs pour y ajouter les deux opuscules désignés ci-dessus. L'Italien Berzoli n'est évidemment qu'un co¡iste, un compilateur, qui, en joignant à un *florilegium* de poésies romanes deux grammaires de la langue des troubadours, a eu pour but de faire une espèce de *Cours de littérature provençale*, où l'exemple fût réuni au précepte. Il a lui-même enrichi ce recueil d'un petit glossaire roman-italien ; car c'est à lui qu'il faut attribuer sans doute le seul ouvrage anonyme qui se trouve dans cette partie du Ms[1]. Or si Berzoli a dû composer ce recueil, en Italie, avant l'an 1310, il est vraisemblable que les deux grammaires qui en font partie n'étaient pas toutes récentes. Je puis donc avancer sans témérité que ces deux grammaires sont du treizième siècle. Je ne chercherai pas à leur assigner une date plus précise : les éléments chronologiques me manquent, et d'ailleurs la question n'est pas d'un grand intérêt. Je dois cependant rapporter ici une hypothèse de Crescimbeni qui ferait remonter la composition du *Donatus Provincialis* à l'époque où vivait le troubadour Gui d'Uissel, c'est-à-dire aux premières années du treizième siècle.

Crescimbeni raconte, d'après Nostradamus, comment ce troubadour, après s'être signalé par des attaques audacieuses contre les puissants de l'époque et notamment contre la cour de Rome, se laissa intimider ou corrompre, et promit au légat du Pape de ne plus faire de sirventes ; la même promesse fut arrachée à ses deux frères Eble et Pierre d'Uissel et à leur cousin Elie. Sur quoi ils furent cruellement raillés par un troubadour d'Arles, appelé Jacques de La Motte (*Jacobus de Mota*), poëte renommé et homme fort indépendant, qui, suivant le moine des Iles d'or, était l'auteur d'une description des tombeaux, pyramides, obélisques et autres monuments anciens existant alors en Provence. Ce Jacques de

---

[1] On sait qu'au treizième et au quatorzième siècle la poésie provençale était très-goûtée des Italiens, et cultivée par beaucoup d'entre eux. Le troubadour Barthélemi Zorgi, par exemple, dont M. Raynouard a publié plusieurs pièces, était un Italien. Les bibliothèques d'Italie conservent encore un assez grand nombre de Mss. des troubadours, qui sont pour la plupart du treizième siècle.

La Motte, ajoute Crescimbeni, pourrait bien être le même que celu dont il est fait mention à la fin du *Donatus Provincialis,* dont l'auteur dit avoir composé son ouvrage *precibus Jacobi de Mota* [1]. Cette conjecture n'a rien d'invraisemblable ; mais ce n'est qu'une conjecture.

En voici une autre du même genre que je crois pouvoir hasarder. N'y aurait-il pas identité entre le grammairien Raymond Vidal et le troubadour connu sous le nom de Raymond Vidal de Besaudun ? rien n'empêche de le croire ; mais on ne saurait le prouver, puisque la vie du troubadour nous est aussi peu connue que celle du grammairien. Cependant en comparant les œuvres de l'un et de l'autre, on trouve un rapprochement, un indice favorable à la supposition que j'avance. On ne connaît que quatre pièces assez étendues du troubadour Raymond Vidal ; dans l'une de ces pièces, qui est une nouvelle, il cite fréquemment des passages des autres troubadours, ce qui prouve une érudition assez étendue. C'est là une des qualités de notre grammairien, qui cite aussi les troubadours : de plus les troubadours cités par le poète sont à peu près les mêmes que ceux dont le grammairien invoque l'autorité ou critique la négligence. C'est là sans doute un faible argument ; mais je n'ai pas cru pouvoir le négliger.

J'ai prouvé que le traité de Raymond Vidal et la version latine du *Donatus Provincialis* appartiennent au treizième siècle ; ce qui doit être vrai, à plus forte raison, pour la version romane de ce dernier ouvrage, s'il ressort de la comparaison des deux textes que cette version est l'original. Quelques mots suffiront pour lever toute incertitude, tout doute à cet égard. Dans les nombreux passages où le grammairien cite des exemples à l'appui de ses préceptes, le texte latin est presque toujours incomplet. Si quelquefois les mots romans y sont reproduits, le plus souvent ils n'y sont qu'indiqués par un pronom démonstratif ou par le mot *sic,* qui renvoie au texte roman, comme si ce texte était placé en regard. Cette seule particularité suffirait pour faire reconnaître l'original. Mais il s'y joint une circonstance étrange, c'est que les exemples romans, lorsqu'ils sont reproduits, le sont en latin et non sous leur forme propre. La

---

[1] Di Giamo Motta noi troviamo fatta menzione in fine del Donato Provenzale... ove l'autore appellato Ugo, dice d'averlo composto, *precibus Jacobi de Motta :* se pure questo non è diverso dal citato dal Nostradama. (*Istor. della volg. poes.,* vol. II, part. I, p. 71.)

réunion de ces deux preuves est convaincante; car comment supposer, 1º qu'on ait pu composer une grammaire originale en indiquant les exemples qui appuient les règles par les mots *hæc* ou *sic*,
sans autre désignation; 2º qu'on ait essayé de confirmer ou d'é-
claircir les règles d'une grammaire romane en citant des exemples
latins? Ces deux faits s'expliquent au contraire très-facilement, si
l'on admet que le *Donatus Provincialis* a été d'abord composé en
roman. On comprend en effet que le traducteur n'ait pas pu ou
n'ait pas voulu reproduire en latin les exemples romans, et se soit
contenté de renvoyer au texte original par les mots indicatifs *hæc*
ou *sic*. On comprend également qu'il ait traduit ces exemples, soit
par distraction, soit pour montrer la différence des deux idiomes,
soit enfin pour donner la valeur des mots pris en eux mêmes, sans
se préoccuper de leur rapport avec la règle qu'ils servent à confirmer ou à développer. Autre preuve non moins sûre : il arrive
souvent que le mot roman cité comme exemple, est traduit en latin, non par son équivalent, mais par une expression d'un sens beaucoup plus étendu; l'espèce est traduite par le genre : le texte dit
*Rheims;* la traduction, *civitas*. Quoi qu'il en soit de ces bizarreries,
j'ai cru devoir publier cette traduction qui est peut-être l'œuvre
de Faidit lui-même, et qui, par cela seul que les exemples y sont
souvent traduits, facilitera beaucoup l'intelligence du texte. S'il
est aisé en effet de saisir le sens des phrases dans un ouvrage didactique de ce genre, il l'est beaucoup moins de pénétrer la significa-
tion des mots isolés qui servent de paradigmes.

Je n'ai rien à dire du Ms. de la bibliothèque du Roi qui contient
cette traduction latine, et la grammaire romane de Vidal. C'est
une copie partielle et fautive du Ms. de Florence, qui m'a été
précieuse cependant pour établir les textes.

Malgré ce secours, ils présentent encore quelques défectuosités,
qui heureusement ne nuisent pas au sens. La plupart de ces im-
perfections d'ailleurs appartiennent aux Mss. originaux, puisqu'elles sont identiques dans les doubles copies que j'ai entre les
mains. C'est ainsi qu'on apercevra dans les deux textes romans
des traces de la langue et de l'orthographe italienne, que l'on retrouve dans tous les Mss. des troubadours exécutés en Italie. C'est
un fait curieux à noter, et qui prouve toute l'instabilité de l'orthographe au moyen âge, si toutefois il est permis d'appeler *orthographe* la traduction capricieuse de la prononciation, la représentation
arbitraire de la parole, la peinture incertaine et mobile de la voix.

On pourra remarquer aussi, surtout dans le texte du *Donatus Provincialis*, un mélange assez fréquent de mots latins, qui s'explique par la prédilection qu'avait Faidit pour la langue et la grammaire latines. Je n'ai pas signalé ces mots partout où ils se rencontrent, non plus que les mots ou les formes italiennes, pour ne pas multiplier des notes inutiles à la plupart des lecteurs.

Je dois avertir aussi que je n'ai pas suivi dans l'impression le système de M. Raynouard, qui a détaché les affixes des mots qui les précèdent, pour faciliter, a-t-il dit, l'intelligence des textes. Voici les motifs qui m'ont déterminé à rejeter ce système : S'il est vrai que l'emploi des affixes a été un des caractères de la langue romane, s'il était dans la nature de cette langue de combiner certains mots dans la prononciation et dans l'écriture, c'est lui ôter un de ses caractères, c'est la dénaturer que de détacher les mots ainsi unis. La dénomination *d'affixe* devient un non-sens avec un pareil système, qui, s'il est faux en théorie, n'est guère utile en pratique, et a le grave inconvénient d'isoler des consonnes, qui ne savent sur quel appui se reposer. J'ajouterai à cette raison l'autorité de l'exemple qu'a donné M. Fauriel, dans sa belle publication de la chronique des Albigeois.

Il ne me reste qu'à indiquer les ouvrages où il est fait mention des deux grammaires ou de l'une d'elles, les auteurs qui en ont invoqué l'autorité, et les témoignages qui s'y rapportent. Avant qu'elles fussent connues en France de Sainte-Palaye et de M. Raynouard, ces grammaires avaient été consultées par plusieurs savants italiens; par Ubaldini, qui cite le *Donatus Provincialis* dans la table des *Documenti d'Amore* de Barberini[1]; par Redi, l'un des membres de l'académie de la Crusca, qui s'en autorise souvent dans les savantes notes de son dithyrambe intitulé *Bacco in Toscana*[2]; par Salvini, qui y renvoie dans ses commentaires sur Pétrarque[3]; par Crescimbeni, qui en rapporte quelques passages, et qui en avait une copie, comme je l'ai dit plus haut[4]; enfin, par Bastero, qui en

----

[1] Federigo Ubaldini, tavol. docum amor. Barberin. alle voci *accolto*, *atiera*, *bigordare*, *gautata*, *moscare*, *ostare*, *trovare*, etc.

[2] Francesco Redi, Bacco in Toscana, *Ditir. con le annotazioni*, fogl. 111, 194, 252, 253, 254, 256 et 262. — Napol. 1687; in-12.

Anton. Maria Salvini, *Pros. Toscan.*, lez. 24, car. 312.

[4] *Istor. della volg. poes.*, vol. II, part. I, p. 27 et 71.

cite plusieurs fragments assez étendus [1]. C'est d'après ce dernier que j'ai donné au traité de Raymond Vidal un titre qui se trouve sans doute dans le Ms. de Florence, mais que les copies ne reproduisent pas. Voici le passage auquel je l'ai emprunté :

« Ramondo Vidal, nel suo libro titolato : *la Dreita Maniera de Trobar* (la diritta maniera di trovare, cioè poetare [2]). »

Il dit ailleurs [3], en parlant de la grammaire de Faidit :

« Questa nostra gramatica credo, che sia la prima, che sia stata fatta tra le lingue volgari. »

Sainte-Palaye n'a connu que le Ms. très-moderne de la Bibliothèque du Roi ; il s'en est servi pour son glossaire de la langue des Troubadours [4]. Quant à M. Raynouard, j'ignore s'il a eu copie des Mss. italiens dont il a donné l'indication ; mais ce qu'il dit de nos deux grammairiens prouve qu'il a lu leurs ouvrages au moins dans le Ms. de la Bibliothèque du Roi qu'il désigne sous le n° 7700, et qui est actuellement inscrit au catalogue sous le n° 7534 [5].

[1] *Crusca Provenzale*, p. 2, 5, 14, 109 et 110.

[2] *Ibid.*, p. 5.

[3] *Ibid.*, p. 110. — Voici un autre passage du même auteur : «' L Donatus « *Provincialis*, o chiunque sotto tal nome e titolo, alludendo a quel Donato, *ch'* « *alla prim' arte degnò poner mano* scrisse la breve ed antica Gramatica proven- « zale, o catalana, ch' è tutt' uno, che manoscritta si conserva nella libreria Me- « dicea Laurenziana ; e in Santa-Maria del Fiore di Firenze. » ( *Ibid.*, p. 2.)

[4] *Glossaire de la langue des Troubadours*, Ms. de la Bibl. du Roi, t. I. Catal. des ouvrages cités.

[5] Voyez *Choix des poésies orig. des Troub.*, t. II. — *Monum. de la lang. rom.*, p. CL.

## I.

# INCIPIT DONATUS PROVINCIALIS.

Las oit partz que om troba en gramatica[1], troba om en vulgar Provenzal, zo es : NOM, PRONOM, VERB, ADVERBE, PARTICIP, CONJUNCTIOS, PREPOSITIOS, INTERJECTIOS.

NOM es apelatz per zo que significa substantia ab propria qualitat o ab comuna; e largamen totas las causas a lasquals Adams pauset noms poden esser noms apelladas. E a nom cinq causas : SPECIES, GENUS, NOMBRE, FIGURA, CAS.

SPECIES o es primitiva o es derivativa. Primitius es apelatz lo nom que es per se, e no es vengutz d'alqun nom ni d'alqu verb, si cum es *bontaz*. Derivatius nom es aquel que ven d'altre loc, si cum *bos*, que ven de *bontat*, que bos non pot om esser ses bontat.

Octo partes orationis quæ inveniuntur in grammatica, inveniuntur in vulgari Provinciali aliquando pro majori parte, videlicet : NOMEN, PRONOMEN, VERBUM, ADVERBIUM, PARTICIPIUM, CONJUNCTIO, PRÆPOSITIO et INTERJECTIO.

NOMEN ideo dicitur, quia significat substantiam et qualitatem propriam vel communem; et, largo modo, omnia quibus Adam imposuit nomina possunt nomina appellari. Nomini accidunt quinque : SPECIES, GENUS, NUMERUS, FIGURA et CASUS.

SPECIES vel est primitiva, vel derivativa. Primitivum nomen est illud, quod per se est, et n n derivatur ab aliquo nomine vel ab aliquo verbo, sicut est *bonitas*. Derivativum nomen est illud, quod venit ab aliquo loco, sicut *bonus*, qui denominatur a *bonitate*, quia bonus non potest esse sine bonitate.

---

[1] *Gramatica.* Suppléez *latina* ici, et partout où ce mot se trouve ainsi employé dans un sens absolu.

Genus es de cinq maneras : masculis, feminis, neutris, comus, omnis. Masculis es aquel que aperte a las masclas causas solamen, si cum *boz, mals, fals*. Feminis es aquel que perte a las causas feminils solamen, si cum *bona, bela, mala* e *falsa*. Neutris es aquel que no perte al un ni al autre, si cum *gauz* e *bes*. Mas aici no sec lo Vulgars la gramatica ; els neutris substantius se dizen aici cum si fossen masculis, si cum aici : « grans es lo bes que aquest m'a fait. » e « grans es lo mals que m'es vengut de lui. » Comun son aquelh que pertenen al mascle e a la fembra ensems, si cum son li particip que fenissen in ANS vel in ENS ; qu'eu posc dire : « aquest cavalers es prezans, aquesta domna es presans, aquest cavalers es avinens, aquesta domna es avinens.» Mas el nominatiu plural se camjan d'aitant que conven a dire : « aquelh cavaler son avinen, aquelas donas son avinens. » Omnis es aquel que perte al mascle e a la fembra e al neutri ensems ; q'eu posc dire : « aquest cavaliers es plasens, aquesta dona es plazens, » e « aquest bes m'es plaisens. »

Genera sunt quinque : masculinum, femininum, neutrum, commune et omne. Masculinum nomen est illud, quod pertinet masculinis rebus tantum : *bonus, malus, falsus*. Femininum est illud, quod pertinet rebus femininis tantum , sicut : *bona, formosa, mala* et *falsa*. Neutrum est illud, quod non pertinet masculino neque feminino, sicut *gaudium* et *bonum*. Sed hic non sequitur Vulgare grammaticam [in neutris substantivis, quia, secundum grammaticam, non debet poni s in fine, sicut hic : [1]] « Magnum est bonum quod iste mihi fecit ; — magnum est malum quod mihi evenit per illum. » Communia sunt illa, quæ pertinent masculino et feminino simul, sicut sunt participia desinentia in ANS vel in ENS, quia possum dicere : « Iste miles est laudabilis, — ista domina est laudabilis ; — iste miles est aptus, — ista domina est apta. » — Sed in nominativo plurali tantummodo mutatur, quia oportet dicere : « Isti milites sunt apti — illæ dominæ sunt aptæ. » Omnis est illud quod pertinet masculino, feminino et neutro simul, quia possum dicere : « Iste miles est placens, — ista domina est placens, — istud bonum est mihi placens. »

[1] Les mots placés entre [ ] ne sont pas, comme on le voit, la traduction de la phrase romane correspondante. Il y a ici une proposition de plus, savoir que les noms neutres latins ne prennent pas le *s* à la fin, ce qui n'est vrai que d'une partie de ces noms.

Nombres es singulars o plurals : singulars, quan parla d'una causa solamen ; plural, quan parla de doas o de plusors.

Feigura o es simpla o composta : simpla, si cum *coms ;* composta, si cum *vescoms*, qu'es parz composta, zo es apostiza de *ves* e de *coms.*

Li cas son seis : nominatius, genitius, datius, accusatius, vocatius, ablatius. Lo nominatius se conois per lo, si cum : « lo reis est venguts. » Genitius per de, si cum : « aquest destrers es del rei. » Datius per a, si cum : « mena lo destrier al rei. »[1] Accusatius per lo, si cum : « eu vei lo rei armat. » E no se pot conoisser ni triar l'accusatius del nominatius sino per zo qu'el nominatius singulars, quan es masculis, vol s en la fi, e li autre cas nol volen ; el nominatiu plural nol vol, e tuit li altre cas volenlo en lo plural.

Pero lo vocatius deu semblar lo nominatius en totas las dictions que finissen in ors, et en las autras dictions qu'ieus dirai aici : *Deus, reis, francs, pros, bos, cavaliers, canzos.* Et els altres locs, on lo vocatius non a s en la fi, si es el semblans al nominatiu, al

Numerus est singularis vel pluralis : singularis, quando loquitur de uno solummodo ; pluralis, quando loquitur de duobus vel pluribus.

Figura vel est simplex, vel composita : simplex, sicut in hac dictione *comes ;* composita, sicut in hac dictione *vicecomes,*quæ est pars composita, id est apostiza a *vice, comes.*

Casus sunt sex : nominativus, genitivus, dativus, accusativus, vocativus et ablativus. Nominativus cognoscitur per hanc syllabam lo, verbi gratia : « Rex venit. » Genitivus, verbi gratia : « Iste destrarius est regis. » Dativus, verbi gratia : « Duc destrarium regi. » Accusativus, verbi gratia : « Ego vidi regem armatum. » Et non potest discerni nec cognosci accusativus a nominativo, nisi per hoc quod nominativus singularis, quando est masculini generis [vel communis, vel omnis], vult s in fine dictionis, et alii casus nolunt, et nominativus pluralis in fine. Et alii casus volunt s in plurali.

Tamen vocativus debet esse pluralis[2] nominativo, in omnibus dictionibus quæ desinunt in hanc syllabam or, et in aliis dictionibus quas dicam hic : *Deus, rex, liber* vel *curialis, probus, bonus, miles, cantio.* Et in aliis locis, ubi vocativus non habet s in fine, est similis nominativo,

---

[1] Le morceau qui précède est cité par Bastero, *Crusca Provenzale,* p. 109.
[2] *Pluralis.* (sic). Lisez : *similis.*

menhz en silabas et en letras, que deu aver aitals e tantas cum lo nominatiu, trait sol s en la fi.

Pero de la regla on fo dit desus quel nominatius cas no vol s en la fi, quan es plurals, voilh traire fors totz los feminis, que non es dit mas solamen dels masculis e dels neutris; que sun semblan el plural per totz locs, si tot s'es contra gramatica.

E lai on fo dit del nominatiu singular que vol s pertot a la fi, voilh traire fors totz aquelz que fenissen en AIRE, si cum : *enperaire, amaire*; et en EIRE, si cum : *Peire, beveire, radeire, tondeire, pencheire, fencheire, bateire, foteire, prendeire, teneire*, et en IRE, si cum : *traire, consentire, escarnire, estremire, ferire, gronire; mas albires* vol s e *conssires* e *desires*.

E devetz saber que tut aquelh, qu'ieus ai dit, don lo nominatius singulars fenis en AIRE et en EIRE, finissen totz lor cas singulars en DOR, trait lo vocatius, qé sembla lo nominatius, si cum es dit desus.

E de la regla del nominatiu singular, que vol s a la fi, voilh ancar traire fors : *maestre, prestre, pastre, sener, melher, peier, sordeier,*

ad minus in syllabis et iu literis, quas debet habere tales et tot quantas nominativus, excepto solummodo s in fine.

Tamen de regula ubi fuit dictum superius, quod nominativus casus non vult s in fine dictionis, quando est pluralis numeri, volo excipere omnes dictiones feminini generis, quia non est dictum nisi de masculinis et de neutris, quæ sunt similes in plurali per omnia loca, quamvis sit contra grammaticam.

Et ubi fuit dictum de nominativo singulari quod vult s semper in fine, volo excipere omnia illa nomina quæ finiunt in AIRE, verbi gratia : *imperator, amator,* et in hac dictione EIRE, verbi gratia : *Petrus, potator, qui radit barbas, tonsor, pictor, fictor, percussor, qui frequenter concubit, qui libenter accepit, tenax;* et in hac dictione IRE, verbi gratia : *traditor, qui consentit, derisor, cautus, cum armis percussor, quod frequenter grunnit.* Sed ab illa regula excipiuntur ista tria [1].

Et debetis scire quod omnes dictiones supradictæ, de quibus nominativus singularis finit in AIRE, et in EIRE, et in IRE, finiunt omnes alios casus singulares in DOR, excepto vocativo, qui est similis nominativo, sicut dictum est superius.

Et de illa regula quæ dicit quod nominativus singularis vult s in fine dictionis, volo adhuc excipere istas dictiones : *magister, presbyter,*

---

[1] La traduction des trois mots *albires*, *conssires* et *desires* manque.

*maier, menre, sor, bar, genser, leuger, greuger,* et totz los ajectius neutris, quan sun pausat senes sustantiu, si cum : « mal m'es. » « greu m'es. » « fer m'es. » et « griu m'es. » « Estranh m'es q'el aia dit mal de me. »

E voil en traire fors encar dels pronoms alcus, si cum : *eu, tu, el, qui, aquel, ilh, cel, aicel, aquest, nostre, vostre,* que no volon s en la fi, e sun del nominatiu singular.

Tres declinazos son : en nominatiu, cas de la premeira fenis en A, et tut li altre cas eissamen, del singular devetz entendre ; car el plural volon li cas s en la fin trastut. Tut li adjectiu femini dels quals lo nominatius singulars fenis en A, si cum es : *bona, bela, cointa, gaia* seguen aquella meisma regla. — E tut aquelh de la prima declinazo sun femini, trait : *propheta, gaita, esquiragaita, papa.* Pero *propheta* e *papa* no volon s el nominatiu plural, mas en totz los autres cas lo volun. Celh qe fenissen in ANS vel in ENS, quan s'ajusten ab masculi substantiu no lo volun. — De la prima declinazo es *savieza, cortesia, dreitura, mesura,* et tut l'autre que

*pastor, dominus, melior, pejor, deterior, major, minor, soror, baro, pulchrior, levior, gravior ;* et omnia nomina adjectiva neutri generis excipiuntur ab illa regula, quæ ponuntur sine substantivo, verbi gratia : « Malum est mihi, — grave est mihi, — ferum est mihi, — alienum est mihi quod ille dixerit malum de me. »

Et volo excipere adhuc aliqua pronomina, verbi gratia : *ego, tu, ille, qui, illi* vel *ille, ille iste, noster, vester,* quæ nolunt s in fine dictionis, et sunt numeri singularis.

Tres declinationes sunt. In nominativo, casus primæ declinationis finit in A, et omnes alii casus similiter in singulari, debetis intelligere; quia in plurali volunt omnes casus s in fine. Omnia adjectiva feminini generis, quorum nominativus singularis finit in A, verbi gratia : *bona, pulchra, apta, læta,* sequuntur eamdem regulam supra dictam. Et omnes dictiones primæ declinationis sunt feminini generis, excepto *propheta, papa* [1] ; tamen nolunt s in nominativo plurali, sed in aliis omnibus casibus volunt. Dictiones finientes in ANS vel in ENS, quando conjunguntur cum feminino substantivo, volunt in vocativo s in fine ; quando conjunguntur cum masculino substantivo, nolunt. — Primæ declinationis est : *sapientia, curialitas, justitia, mensura,* [sicut] omnia alia nomina finientia in A, sive sint adjectiva, sive substantiva.

<hr>

[1] Les mots *gaita, esquiragaita* ne sont pas traduits. Leurs équivalents dans l'ancien français sont *gaitte* et *eschauguaite* ou *eschargaite.*

fenissén en A , sion adjectiu o substantiu. De la seconda : *Deus*, *segner, maestre*, e tut li nom brevemen que no volun s' el nominatiu plural, et en totz los autres cas lo volon. De la terza sun tut li particip que fenissen in ANS et in ENS, et tut li nom don lo nominatius singulars el nominatius plurals fenissen in ATZ e sun femini generis, si cum : *bontatz, beutatz, santatz, amistatz*, e mout d'autre. En Vulgar non trop mas d'aquestas tres manieras de declinazos qu'ieu ai dit desus.

Sun d'autra manera nom que no se declinon, si cum es *vers* ab totz sos compost, et tut li adjectiu que fenissen in os, si cum *amoros, enveios*, trait *pros* e *bos*. — E tuit aquel que fenissen in AS larg no se declinon nis mudon, sion substantiu o adjectiu, si cum : *nas, pas, vas, ras;* e *cortes* sec aquela regla mezeisma, e *pes, contrapes, sirventes, cens, encens, deves, mes, borzes, descibles, marques, bres, gles, comes, escomes* e *pres* ab totz sos compostz. — E tuit li nom provincial [1] que fenissen in ES, si cum *Frances, Angles, Genoes, Polhes;* et tut aquest sobredit fenissen in ES estreit. — D'aquels que fenissen in ES larg , *confes*.—Encaras d'aquels

De secunda sunt ista nomina : *Deus, dominus* et *magister*, et omnia nomina que nolunt s nominativo plurali, in fine dictionis, sed in omnibus aliis casibus, volunt. Tertiæ declinationis sunt omnia participia desinentia in ANS vel in ENS, et omnia quorum nominativus singularis et nominativus pluralis desinunt in ATZ, et sunt feminini generis; verbi gratia : *bonitas, pulchritudo, sanitas, amicitia*, et plura alia nomina. In Vulgari non invenio nisi tres modos declinationum, quos dixi superius.

Et sunt alterius generis nomina, quæ non declinantur, sicut est *versus*, cum omnibus suis compositis, et omnia adjectiva desinentia in us, verbi gratia : *amorosus, invidus*, excepto, *probus, bonus*. Et omnes illæ dictiones quæ desinunt in hac syllaba larga [AS] non declinantur neque mutantur, vel sint nomina substantiva vel sint adjectiva, verbi gratia: *Nasus, passus, tumulus, rasus ;* et *urbanus* sequitur illam et eamdem regulam, et *pondus, contrapondus, cantio facta vituperio alicujus, census, incensus, locus defensus, mensis, burgensis, discipulus, marchio, lignum quo aves capiuntur, glis, animal, provocatus* et *captus* cum omnibus suis compositis; et omnia nomina, quæ derivantur a provinciis, quæ desinunt in hac syllaba [ES], verbi gratia : *Francigena, Anglicus, Genuensis, Apulus;* et omnia ista nomina supradicta desinunt in hac syllaba [ES] stricta.— De hiis, quæ desinunt in hac syllaba larga, est indeclinabilis *confessus*.

---

[1] *T uit li nom provincial*. Tous les noms de provinces, de pays.

que in ᴀs larg fenissen no se declinon *bas, cas, gras, clas, las, mas.* Tals es *mescaps, Acs, fals, bautz, dechautz, cautz, falz; encautz, fars, ars, martz, latz, glatz, patz, aus, claus, laus, raus, ais, cais, fais, lais, tais, brais, Clavais, melhz, fems, tems, Rems.* — In ᴇʀs larg : *guers, dispers, Bezers, Lumbers.* — In ᴇʀs estreit : *ders, aers, aders,* — *gris, paradis, Damis, assis, Paris, ris, vis, berbiz,* — *ops,* — *Polz, avolz,* — *doulz,* — *poutz, soutz,* — *cors, mors.* — In ᴏʀs larg : *cors, socors, ors, resors,* — *crotz, notz, potz,* — *reclus, conclus, confus, pertus, Dedalus, Tantalus, us, fus, Artus, Cerberus.* E tut aquest que ai dit desus no se declinon nis mudon, ni en singular ni en plural, e coren per totz cas egalmen.

Pʀᴏɴᴏᴍᴇɴ es aici apelatz quar es en loc de propri nome pausatz, e demostra certa persona, si cum : *eu, tu, el, cel, aicel, aquel, aquest, eu mezeisme, tu mezeisme, el mezeisme, eu esteus, tu esteus, el esteus, eu eis, tu eis, el eis, meus, teus, seus, nostre, vostre.* e per zo es ditz pausatz en loc de propri nom, qe s'ieu dic : « eu sui vengutz, » no mi besogna dir : « eu Jacme sui vengutz ; »

Adhuc de hiis quæ in hac syllaba [ᴀs] larga desinunt, non declinantur ista : *Bassus, casus, pinguis, concordia campanarum, lassus* [1]. Talia sunt ista : *pralium paucorum contra multos, castrum, falsus* [2], *discalciatus, pro calce, pro falce, fuga jactus, farcitus, arsus, dies Martis, nexus* vel *nodus, glacies, lætus, pax, vellus, clausus, pro laude* vel *pro stagno, tabula, gena, onus, dulcis cantus, animal, clamor avium, castellum, melius, fimus, tempus, civitas,... dispersus, civitas, castellum.* In hac syllaba stricta : *evectus, erectus,...* vel *proprium nomen viri, civitas, risus, visus, ovis, opus, proprium n men,.., dulcis, vulgare trotanorum,... corpus, morsus,... cursus, auxilium, ursus, desurgo,... crux, nux, putrus, reclusus, confusus, foramen, proprium nomen, proprium nomen, usus... janitor inferni.* Et omnia ista nomina supradicta sunt indeclinabilia, nec mutantur in singulari neque in plurali et currunt ita per omnes [casus].

Pʀᴏɴᴏᴍᴇɴ est ita appellatum, quia loco proprii nominis ponitur et ostendit certam personam, verbi gratia : *ego, tu, ille, ille, ille, iste, ego ipse, tu ipse, ille ipse.... suus, noster* et *vester.* Et ideo dicitur positus in loco proprii nominis, quia si ego dico : « ego veni, » non oportet dicere : « ego Petrus veni ; » « ego video quod tu venisti, » non oportet

[1] Le mot *mas* n'est pas traduit ; il répond au mot de la basse latinité *mansus.*

[2] Le mot *bautz,* qui signifie *trompeur,* n'est pas traduit non plus. Il en est de même de plusieurs autres mots dans les nomenclatures qui suivent. Pour ne pas hérisser le texte de notes, j'indique les lacunes par des points.

— « eu vei qe tu es vengutz, » no mi besogna dire : « eu vei que tu Peires es vengutz. S'eu dic : « aicel es vengutz, » el mostri ab la ma o ab l'oilh, nom besogna dire : « Joans es vengutz. » E per zo son apelat *pronom demonstratiu,* quar demostren certa persona.

VERBES es apelatz quar es *cum modis et formis et temporibus,* e significa alcuna causa far o suffrir, si cum : « eu bat » e « eu sui batutz.[1] » ..... eu soffre alcuna causa. — Cinc sun li modi dels verbes : endicatius, imperatius, optatius, conjunctius, infinitius.

Endicatius es apelatz quar demostra lo fait que om fai, si cum es : « eu chant, eu escriu. »

Imperatius es aquel que om comanda, si cum es : « aporta pan, aporta vin. »

Obtatius es qar desira, si cum : « eu volria amar. »

Conjunctius es qar ajusta doas razos ensems, si cum en aquest loc ; « cum eu amei fortmen, tortz es si no sui amatz. »

Infinitius es apelatz, quar no pausa terme ni fi a zo qe ditz, si cum : « eu voill amar. »

dicere : « ego video quod tu Petrus venisti. » Item, si ego dico : « ille venit, » et illum ostendo cum manibus vel cum oculis, non oportet dicere : « Petrus venit. » Et ideo appellantur pronomina demonstrativa, quia ostendunt certam personam.

VERBUM appellatur quia cum modis et temporibus significatur aliquid facere vel pati, verbi gratia : « ego percutio et ego percutior. » Si ego percutio, ego facio aliquid. Si ego percutior, ego patior aliquid. Quinque sunt modi verborum : indicativus, imperativus, optativus, subjunctivus et infinitivus.

Indicativus appellatur, quia indicat aliquid quod homo facit, verbi gratia : « ego canto, ego scribo. »

Imperativus appellatur ille qui imperat, verbi gratia : « affer panem. »

Optativus appellatur, quia optat, verbi gratia: « ego vellem amare. »

Subjunctivus appellatur, quia conjungit vel apprehendit duas rationes simul, sicut in hoc loco : « cum ego diligam fortiter, injustum est, si non diligor. »

Infinitivus appellatur, quia non ponit terminum nec finem his quæ dicit, verbi gratia : « ego volo amare. » Et unusquisque de quinque mo-

---

[1] Il y a, ici dans le texte roman, une lacune qui n'existe pas dans la traduction latine. Voici le sens des mots passés : Si *je bats*, je fais une action. Si *je sui battu*,... etc. (La fin de la phrase se trouve dans le texte.)

E cascun dels. cinc. modis qu'ieu ai dit desus deu aver. cinc.
temps : presen, preterit non perfeit, preterit perfeit, preterit plus
que perfeit e futur.

Quatre conjugazos son : tut aquel verb, l'infinitius dels quals
fenis en AR, si cum *amar, chantar, ensenhar,* son de la prima
conjugazo. De l'autras tres conjugazos sun tan confus l'infinitiu en
Vulgar que coven a laissar la gramatica, e donar autra regla no-
vella. Per qe platz a mi que aquel verbe que lor infinitiu fan fenir
in ER, si cum es *aver, tener, dever,* sion de la segonda conjugazo.
Aquelh que fenissen in IRE, et aquel que fenissen in ENDRE, si cum
*dire, escrire, tendre, contendre, defendre,* sion tuit de la terza.
Aquel que fenissen in IR, si cum *sentir, dormir, auzir,* de la
quarta.

Lo presens tems del indicatiu de la prima conjugazo se dobla en
la prima persona, que posc dir *ami,* o posc dir *am; chanti* o *chan;
plori* o *plor, soni* o *son; brami* o *bram, badalhi* o *badalh.* — La segonda persona in AS fenis, si cum *tu amas.* — la terza in A, si
cum *cel ama.* Aici fenis en las tres personas el singular del tems
presen del indicatiu, et el plural : *nos amam, vos amatz, celh
amen* o *aman.* et aizo es generals regla que la terza persona del

dis supra dictis debet habere quinque tempora: præsens, præteritum
non perfectum, præteritum perfectum, præteritum plusquam perfectum, et futurum.

Quatuor conjugationes sunt. Omnia illa verba quorum infinitivus
desinit in hac syllaba [in AR], verbi gratia *amare, cantare* et *docere,* sunt
primæ conjugationis secundum Vulgare. De aliis tribus conjugationibus sunt tantum confusi infinitivi modi, in Vulgari, quod oportet di-
mittere grammaticam, et dare aliam regulam novam. Unde placet
mihi quod illa verba, quorum infinitivus desinit in hac syllaba [ER]
sicut est : *habere, tenere, debere,* sint secundæ conjugationis. Illa quæ
desinunt in hac syllaba [IRE], et illa quæ desinunt in istis [ENDRE, OTRE],
sicut : *dicere, scribere, tendere, contendere* et *defendere* sint omnia tertiæ
conjugationis. Illa quæ desinunt in hac syllaba [IR] verbi gratia : *sentire, dormire, audire,* sint quartæ.

Præsens tempus indicativi primæ conjugationis duplicatur in prima
persona, quia possum dicere *sic....,* vel possum dicere *sic...,* vel *sic...*
Secunda persona in AS desinit, verbi gratia : *.... ille amat.* Ita desinunt
tres personæ in singulari temporis præsentis indicativi et in plurali :
*amamus, amatis, amant* vel *sic...* Et hoc est generalis regula quod tertia
persona pluralis duplicatur in omnibus verbis, secundum Vulgare, et

plural se dobla per totz verbes e per totz tems, que pot fenir o in
EN o in ON; e la prima persona dobla se en totz verbes, el tems pre-
sen del indicatiu solamen, si cum : *eu senti* o *eu sens, eu dizi* o *eu dic*.
Mas mielz es a dir lo plus cort quel plus long.

El preterit non perfeit del indicatiu : *amava, vas, va; amavam,*
*amavatz, aven* o *avon*.

El preterit perfeit : *amei, es, et; amen, etz, eren vel ameron*.

El preterit plus que perfeit : *eu avia amat, ias amat, ia amat,*
*iam at, iaz at, ien* vel *ion at*.

El futur son semblan tut li verbe en totas las conjugazos, que
tut fenissen aici : *amarai, ras, ara, amarem, retz, ran* vel *amarau*.

El emperatiu tut aquel de la prima conjugazo fenissen in A
estreit, si cum : *chanta, bala, viula;* en la segonda persona entendatz, qar inperatius non a prima, que om no pot comandar a si
eis. En la terza persona fenis toztems in E, si cum : *dance, saute,*
*tombe*. El plural fenis in ATZ, si cum : *cavalghatz, anatz, trotatz;*
*çavalguen, anen, troten*.

El oblatiu fenissen tuit li verbe de la prima conjugazo in ERA vel

in omnibus temporibus, quia potest finire *sic*, [excepto futuro quia potest finire *sic*.] Prima persona duplicatur in omnibus verbis, in tempore
presenti indicativi tantum, [excepto *ai, sai*, quia non duplicatur in
prima persona] verbi gratia : « *ego sentio* vel *sic.....* » Sed melius est dicere brevius monosyllabum quam disyllabum.

In præterito imperfecto indicativi a barbaro : *amabas, amabat, amaba-*
*mus, amabatis, amabant* vel *sic*.

In præterito perfecto : *amavi, amavisti, amavit, amavimus, amavistis,*
*amaverunt* vel *amavere*.

In præterito plus quam perfecto : *amaveram, amaveras, amaverat, ama-*
*veramus, amaveratis, amaverant*.

In futuro sunt similia omnia verba in omnibus conjugationibus, in
Vulgari, quia omnia desinunt ita : *amabo, amabis, amabit, amabimus,*
*tis*, etc.

Imperativo omnia verba primæ conjugationis desinunt in hac littera
[A] stricta, verbi gratia : *canta, salta, viela*, videlicet in secunda persona,
quia imperativus caret prima persona, quia nullus potest præcipere
sibi ipsi. In tertia persona desinit semper in hac littera [E], verbi gratia: *ducat choream, sallet, cadat* vel *ludat saltando*. In plurali desinit in hac
syllaba [ATZ] et habet primam personam, quam in singulari non habet,
verbi gratia : *equitemus, ambulemus, trotemus, equitetis, ambuletis, trotetis,*
*equitent, ambulent, trotent*.

In optativo desinunt omnia verba primæ conjugationis in hac syllaba in IA ; e de totas las conjugazos comunalmen, si cum : « *volunters amaria, ras* vel *rias, amera* vel *ria.* El plural : *amaram* vel *riam, aratz* vel *riatz, amaren* vel *rien.* Item : *dissera* vel *diria, diceras* vel *rias, disera* vel *diria, diceram* vel *riam, diceratz* vel *riatz, ren* vel *rien.* Pero aquel que son de la quarta conjugazo, don l'infinitius fenis in IR solamen, fan l'obtatiu in *ira* vel in *irria, iras* vel in *irias, ira* vel in *iria, iram* vel *iriam, iratz* vel *iriatz, iren* vel *irien.* Et sun alcun altre verbe que sun fors d'aquesta regla, si cum : *voler, tener, poder, saber, aver, conoisser, dever;* que *voler* fenis la prima persona del obtatiu en *volgra* vel *volria,* la segonda, *gras* vel *rias, volgra* vel *ria, volgram* vel *riam, volgratz* vel *riatz, volgren* vel *rien.* — *tengra* vel *tenria.* — *pogra* o *poria.* — *auria* o *agra.* — *conoiseria* o *conogra.* — *degra* o *deuria.* — *segra* o *seigria.* — *plagra* o *plairia.* — *pagra* o *paisseria.* — *begra* o *beuria.* — *valgra* o *valria.* — *mogra* o *mouria.* — *colgra* o *colria.* — *nogra* o *nozeria.* — *vengra* o *venria.* — E quascus d'aquel sobreditz deu fenir en singlar et en plural et personas, de tan cum s'aperten al presen del obtatiu si cum es dit desus pleneiramen de *voler.*

El preterit plus que perfeit del obtatiu fenissen tuit in ES estreit, si sun de la prima conjugazo, si cum : « *bon fora qu'eu agues amat, tu agesses amat, cel agues amat.* » et aquest solamen

[ERA] vel in hac [IA] finiunt, et duplici modo pronuntiantur in omnibus conjugationibus generaliter, verbi gratia : *utinam amarem,* vel ita, *amares amaret, amaremus, tis, rent ; utinam dicerem, diceres, ret, diceremus, diceretis, rent.* Tamen illa verba quæ sunt quartæ conjugationis, quorum infinitivus desinit in hac syllaba [IR] tantum, sicut *dormire,* desinit optativus in prima persona in IREM, velut *dormirem;* in secunda, *dormires;* in tertia, *dormiret, dormiremus, tis, rent.* Sunt aliqua alia verba quæ sunt extra istam regulam, verbi gratia : *velle, tenere, posse, sapere, habere, cognoscere, debere* et plura alia; quia *velle* desinit in prima persona præsentis optativi in : *utinam vellem, les, let, vellemus, tis, vellent;* — *utinam tenere possem, haberem, cognoscerem, deberem, sederem, placerem, pascerem, biberem, valerem, moverem, colerem, nocerem, venirem.*

Et unusquisque supradictorum debet finire in singulari et in plurali et in personis, quantum pertinet ad præsentem optativi, sicut superius plenius continetur in hoc verbo *velle.*

In præterito plusquam perfecto optativi, desinunt omnia in hac syllaba stricta [ES], sicut : *bon fora q'eu agues amat, tu aguesses amat, nos aguessem amat, vos aguessetz amat, cel aguessen amat;* illa quorum infinitivus deque fenissen lor enfinitiu in ENDRE et in IURE, si cum : *viure, prendre, tendre,* que sun semblan en aquest loc a la prima conjugazo, et el preterit perfeit, et el preterit non perfeit del conjunctiu, si cum podetz vezer aici : *cum eu cantes, tu cantesses, cel cantes, cantessem, cantessetz, cantessen* vel *cantesson ; cum eu tendes, tu tendesses, cel tendes, tendessem, tendessetz, tendessen* vel *tendesson.* Item in præterito imperfecto : *cum eu ames, tu ameses, cel ames, essem, essetz, essen* vel *esson.*

El futur del obtatiu fenissen tut aquel de la prima conjugazo in E si cum aici : *Deus volha qu'eu ame, tu ames, cel ame, amem, ametz, amen* vel *amon.*

El presens del conjunctiu es altretals. Pero lo preterit non perfeitz del conjunctiu es semblans al preterit non perfeitz del indicatiu, et es contra gramatica, si cum en aquest loc : « S'ieu te donava mil marcs, serias tu mos hom ? »

El preterit perfeit del conjonctiu : *cum eu aia amat, aias amat, aia amat, aiam amat, aiatz amat, aien* vel *aion amat.*

Lo preterit plus que perfeitz del conjunctiu es semblans ad aquel del obtatiu.

El futur del conjunctiu : *cum eu aurai amat, ras at, ra at, rem at, auretz amat, ran at,* vel *aurau amat.*

sinit in hac syllaba [ENDRE] vel in hac [IURE] : « *bon fora q'eu ages tendut, tu aguesses tendut, cel agues tendut, nos aguessem tendut, vos aguessetz tendut, cel aguessen tendut.....................* sicut potestis videre hic : *cum cantaret, cantaremus, tis, rent.* Iterum modi conjunctivi in præterito imperfecto : *cum amarem, res, ret, cum amaremus, tis, rent*[1].

In futuro optativi desinunt omnia illa verba, quæ sunt primæ conjugationis, in hac litera [E], verbi gratia : *utinam amem, es, et, amemus, etis, ent,* vel *sic.* Et præsens conjunctivi est similis præterito...................., ..................... et est contra grammaticam, sicut in hoc loco : « *Si ego tibi donarem mille marchas, esses-ne meus homo ?* »

In præterito perfecto conjunctivi : *cum amaverim, ris, rit, amaverimus, tis, rint.*

Præteritum plusquam perfectum conjunctivi est similis præterito plusquam perfecto optativi.

In futuro conjunctivi dicitur ita : *cum amavero, amaveris, rit, amaverimus.* [Inspiciat lector in hujusmodi modis et temporibus, et consi-

---

[1] Ce paragraphe est très-défectueux, comme on peut le voir, et ne correspond pas au texte roman.

El presen del enfinitiu, *amar*. — El preterit non perfeit, *aver amat*. — Dels autres tems del enfinitiu no m'entremeti, qar non an loc en Vulgar, se no pauc.

Ni del Passiu nom besogna dir, qar pertot se tria per aquest verbe *sum, es, est*[1], que vol nominatiu cas denan se et apres, si cum : *eu sui amatz, tu est atz, cel es atz, nos em amat, etz at, sun at.* — *eu era amatz, ras atz, ra atz, nos eram at, eratz at eren* vel *eron amat.* — *eu fui atz, fust atz, fo atz, nos fom at, foz at, foren* vel *ero.* — *eu avia estat amatz, avias estat at, avia estat at, nos aviam estat at, vos aviatz estat at, cel avien* vel *avion estat at.* — *eu serai amatz, ras atz, ra atz, rem at, retz at, ran* vel *rau at.* — Imperatiu : *sias tu amatz, sia cel amatz, siam nos at, siatz vos at, sian* vel *sion celh amat.* — Obtatiu : *per mo vol eu seria amatz, rias atz, ria atz, riam* vel *ram at, riatz* vel *ratz at, rien* vel *ron amat.* — Preterit plus que perfeit : *per mo vol eu agues estat amat, esses stat atz, es stat atz, essem stat at, essetz stat at, essen* vel

deret quæ verba debet proferre in vulgari Provincialis linguæ. Eumdem sensum habent ista verba quantum sua in suo vulgari[2]] de aliis temporibus infinitivi nolo me intromittere, quia non habent locum in Vulgari, nisi parum.

Nec de passivo non oportet dicere ita prolixe, sicut superius de activo; sed aliquantum doctrina simplicior, quia hoc verbum plane distinguitur, quod vult nominativum casum ante se et post, verbi gratia : *Amor, ris, tur, amamur, amamini, amantur. Amabar, baris,* vel *amabare, batur, amabamur, amabamini, amabantur. Amatus sum* vel *fui, es* vel *fuisti, est* vel *fuit, sumus* vel *fuimus, estis* vel *fuistis, sunt, fuerunt* vel *ere. Amatus eram* vel *fueram, eras* vel *fueras, erat* vel *fuerat, amati eramus* vel *fueramus, eratis* vel *fueratis, erant* vel *fuerant. Amabor, amaberis* vel *amabere, tur, amabimur, amabimini. Amer amere, tur, amemur, amemini, amentur. Utinam amarer,* vel *fora, amareris,* vel *foras, amaretur,* vel *fora, amaremur.* [Tunc duplicatur *m*] vel *foram, amaremini* vel *foratz, amarentur* vel *foran.* Præterito plus quam perfecto : *utinam amatus essem* vel *fuissem, esses* vel *fuisses, essent* vel *fuissent, utinam amati essemus* vel *fuissemus,*

---

[1] *Sum, es, est.* Le grammairien cite ici les formes latines, et non les formes romanes qui sont *sui, iest,* ou *est, es.*

[2] Cette note du traducteur est curieuse. Elle prouve qu'il s'est lassé de reproduire en latin les mots romans, ou qu'il a senti toute l'inutilité de cette reproduction, qui n'apprend rien. — On a déjà dû remarquer plus haut qu'il a répété les mots romans au lieu de les traduire; et cela parce que l'emploi du verbe auxiliaire *avoir* le déroutait, et rendait impossible la traduction littérale.

*esson stat at.* — **El futur** : *Deus volha qu'ieu sia amatz, sias amatz, sia atz, siam amatz, siatz at, sien vel sion at.* — **Lo present del conjunctiu es altretals** si metetz denan *cum,* lai on ditz *per mo vol.* — **El preterit non perfeit del conjunctiu** : *com eu fos amatz, fosses atz, fos atz, em at, etz at, fossen at* vel *fosson.* — **El preterit perfeit** : *cum eu aia estat amatz, aias tat atz, aia tat atz, aiam stat at, aiatz stat at, aien* vel *aion stat amat.* — **Lo preterit plus que perfeit del conjunctiu sembla aquel del obtatiu,** si metetz *Deus vola* en loc de *cum.* — **El futur** : *cum eu aurai estat amatz, auras estat amatz, aura stat atz, rem estat at, rez estat at, ran* vel *aurau estat at.* — **L'eufenitius del Passiu non a loc en Vulgar.**

**Li verbe de la segonda, e de la terza, e de la quarta conjugazo son mout divers,** si cum : *eu escriu* o *escrivi, tu escrius* o *escrives, cel escri* o *escriu.* — *eu dic* o *dici, tu dis* o *dizes, cel ditz.* — *eu fenisc* o *fenis, tu fenisses, cel fenis.* — **El plural fan tut** *em, etz, en* vel *on.* **Et aquel qu'eu ai dit son de terza ; e degra avan dir de la segonda,** si cum : *eu ai, tu as, cel ha.* — *eu tenh* o *teni, tu tes* o *tenes, cel te.* — *eu sai, tu saps, cel sap.* — *eu fenh* o *fenhi, tu fenhz* o *fenhes, cel fenh.* **Autretals es,** *penh, senh, cenh, estrenh, enpenh,* **et en plural** *em, etz, en* vel *on.*

*esselis* vel *fuisselis, essent* vel *fuissent; utinam amer, ameris,* vel *amere, tur.* —Præsens conjunctivi est similis futuro optativi, posita hac dictione *cum* loco *utinam.* In præterito perfecto conjunctivi : *cum amarer, amareris* vel *amarere, retur, cum amaremur, amaremini, rentur.* In præterito perfecto : *cum amatus sim* vel *fuerim, tus sis* vel *fueris, tus sit* vel *fuerit, amati simus* vel *fuerimus, sitis* vel *fueritis, sint* vel *fuerint.* Præteritum plus quam perfectum conjunctivi est similis præterito plus quam perfecto optativi, posito *cum* loco *utinam.* In futuro : *cum amatus ero* vel *fuero, eris* vel *fueris, erit* vel *fuerit, cum amati erimus* vel *fuerimus, erint* vel *fuerint.* Infinitivus passivi non habet locum in Vulgari [nisi amari].

Verba secundæ et tertiæ et quartæ conjugationis sunt multum diversa, verbi gratia : *scribo;* duplicatur enim ibi prima persona; et hic similiter duplicatur prima et secunda, tertia vero, non.—*Finio* (et hic similiter duplicatur), *finis, finit.* In plurali desinunt omnia in hac syllaba : *finimus, finitis, finiunt ;* et illa quæ dixi superius sunt *de la terza.* Videlicet, quia sic ordo postulat, de secunda, verbi gratia : *habeo, habes, bet; sapio, sapis, sapit; teneo,* (duplicatur) *tenes,* (duplicatur in secunda persona) *tenes; fingo,* (duplicatur in prima persona et secunda similiter) *fingis, it.* Talia sunt ista : *pingo, teneo, cingo, stringo, impingo, pingimus, pingitis, pingunt* [1].

[1] L'embarras qu'a éprouvé notre traducteur dans le paragraphe précédent, s'est

El preterit imperfect del indicatiu et futur, et en futur del obtatiu et el presen del conjunctiu sun senblan tuit li verbe de la segonda et de la terza et de la quarta conjugazo ; quel preterit non perfeit fan tut : *ia, ias, ia;* el plural : *iam, iatz, ien* vel *ion.* Del indicatiu entendatz generalmen. Del conjunctiu a la vegada quan *si* es pausatz denan, si cum aici : « s'eu avia mil marcs, eu seria rics om. »

El futur del indicatiu : *rai, ras, ra, rem, retz, ran* vel *rau.* — El futur del obtatiu, et el presen del conjunctiu : *a, as, a, am, atz, an* vel *on,* si cum : *Deus volha q'eu escriva, tu escrivas, cel escriva, escrivam, vatz,* vel *eschrivan* vel *eschrivon.*

In præterito perfecto indicativi, in prima persona, *i,* et in secunda, *ist,* per la maior part, si cum : *eu dissi, tu dissist.* — *eu escrissi, tu escrissist.* — *eu tengui, tu tenguist.* — *eu dormi, tu dormist.* — *eu fezi* vel *fi, tu fezist; eu feissi, tu feissist.* Mas en la terza persona del singular son mout divers, si cum : *dis, escris, teng, dormi, fetz, feis;* e tuit aquel don l'infenitiu fenis en IR solamen, si cum : *auzir, sentir, cubrir, soffrir,* que no se poden doblar, si cum se dobla *dir, dire; escrir, escrire,* fan la prima persona et la terza en *i,* et la segonda en *ist* el preterit perfeit del indicatiu, et el plural

In præterito imperfecto indicativi et in futuro, sunt similia omnia verba secundæ et tertiæ et quartæ conjugationis, quia omnia præterita imperfecta desinunt ita : *fingebam, bas, bat, fingebamus, tis, bant* (duplicatur in tertia persona indicativi).

Debet intelligi generaliter de conjunctivo aliquando, quando hæc dictio *si* ponitur ante, sicut hic : « Si haberem mille marchas, ego essem dives homo. »

In futuro indicativi, *ibo, ibis, it, ibimus, tis, bunt.* In futuro optativi et in præsenti conjunctivi desinunt sic, verbi gratia : *utinam scribam, as, at, scribamus, tis, bant.*

...Pro majori parte, verbi gratia : *ego dixi, dixisti; ego scripsi, sti; tenui, sti ; feci, sti; finxi, sti.* Sed, in tertia persona singulari, sunt multum diversa, verbi gratia : *dixit, scripsit, tenuit, dormivit, fecit, finxit.* Et omnia illa quorum infinitivus desinit in hac syllaba [IR] tantum, verbi gratia : *audire, sentire, cooperire, sustinere,* quæ non possunt duplicari infinitivo sicut duplicatur *dicere, scribere,* finiunt prima persona et tertia in hac littera [I] et secunda in hac syllaba [IST], scilicet in præ-

accru dans celui ci : aussi est-il fort obscur et offre-t-il un mélange singulier de traductions, de notes, de mots romans et de mots latins. Il résulte de cette confusion, que ce passage est beaucoup moins clair que celui-ci du texte ci dessus. C'est là le sort de beaucoup de traductions.

in *i, itz, iren* vel *iron;* e l'autre, que no son d'aqest senblan, fan *em, etz, en* vel *on,* sion de la segonda o de la terza conjugazo, si cum *agrem, agretz, agren* vel *agron;* el singular si cum li autre, trait la terza persona.

Tres sun que fan la terza persona del preterit perfeit in oc el singular : *poc, noc, moc,* el quartz es *ploc.* —in EC : *decazec, cazec, escazec, parec, aparec, crec.* — in EC estreit : *bec, lec, sec, tec, dec.* — in EUP : *deceup, conceup, ereup.* — in AUP : *saup, caup.* — in EIS : *teis, feis, seis, peis, empeis, estreis, destreis, constreis, estreis, atreis-* — in ENC estreit : *sovenc, venc, avenc, mantenc, sostenc.* — in ES estreit : *mes, pres, ques.* —in ET larg : *venquet, seguet, perseguet, conseguet, mesguet, respondet, perdet, tendet, batet, pendet, descendet, fendet, vendet, fotet, escondet, encendet;* que fan tut lo preterit perfeit enteiramen si cum li verbe de la prima conjugazo, et si sun elh de la segonda ; e *respondet* e *tondet,* seguen aquela eissa regla. — In AC : *plac, pac, mentac, ac.* —in IS : *asis, escris, dis, ris, sumris, exquis.* Pero tut aquist seis sobredit poden esser semblan en prima persona et en terza el preterit perfeit. — In UIS : *destruis.* Anquara in ERC : *sufri* o *soferc, ubri* o *uberc,*

terito perfecto indicativi, et in plurali ita [I, ITZ, IREN vel IRON]. Et alia verba, quæ non sunt istis similia, finiunt ita [EM, ETZ, EN vel ON], in plurali, sicut sunt supradicta, duplicata infinitivo, vel sint secundæ vel tertiæ conjugationis, verbi gratia : *habuimus, istis, erunt* vel *ere.* In singulari, sicut alia verba, excepta tertia persona.

Tria sunt quæ desinunt in tertia persona præteriti perfecti in [oc], in singulari: *potuit, movit, nocuit;* et quartum est *pluit* in præterito.—*Divitias amisit..., apparuit, crevit,* — *bibit, licuit, sedit, tenuit, debuit.* Præterita in EUP: *decepit, concepit, convaluit,* — *sapuit, cepit, tinxit, finxit.., impegit, astrinxit, constrinxit, idem* [4], *constrinxit, extendit, natus est.* Præterita [in ENC] : *recordatus fuit, venit, evenit, patrocinatus est, sustinuit* [1], — *misit, remisit, quæsivit,*— *vicit, secutus est, consecutus est, miscuit, respondit, perdidit, tetendit, percussit, suspendit, descendit, divisit, vendidit, futuit, abscondit, incendit,* quorum desinit præteritum perfectum integre sicut verba primæ conjugationis, quamvis sint secundæ; et *respondit* et *totondit* sequitur eamdem regulam. — *Placuit, pavit..... habuit.* — *Sedit, scripsit, dixit, risit, subrisit, inquisivit* possunt esse similes in prima persona et in tertia, in præterito perfecto. — *Destruxit,* (persona tertia) *qui passus est, idem, aperuit, idem, cooperuit, idem, cucurrit.* Hac syllaba [ERS] : *tersit,*

---

[1] *Idem.* — Le traducteur veut dire : *même sens que le mot précédent.*

*cubri* o *cuberc, corec.* — in ERS larg : *ters, esters.* — in ERS estreit : *ders, aders, aers.* — in ARS : *espars, ars.* — in OC estreit : *conoc, desconoc, reconoc.* — in OIS estreit : *ois, perois, jois.* — in OLC larg : *volc, tolc, colc, molc, dolc.* — in OS larg : *fos, apos, despos.* — in OS estreit : *escos, ros.* — in OLS larg : *sols, absols, vols, revols.* — in ORS larg : *tors, destors, retors.* — in EUS estreit : *teus, preus.* — in AIS : *complais, plais, frais, refrais, afrais, sofrais, trais, atrais, retrais, contrais, pertrais, sostrais, atais.* — in AUS : *claus.*

E per zo ai fait tant longa paraula de la terza persona del preterit perfeit, qar maier confusios era en aquela qe en totas las autras, qar per la maior part, la prima persona fenis en I, e la segonda in IST (del preterit perfect del indicatiu entendatz, on per la maior part la prima e la segonda persona sun senblans.) Del preterit non perfeit de la segonda e de la terza, et de la quarta conjugazo tut son d'un senblan, si cum es dit desus : *ia, ias, ia, iam, iatz, ien* vel *ion.*

El preterit plus que perfeit, tut aquelh, don l'infinitius fenis in ENDRE, vel in ONDRE, vel in OTRE, si cum : *tendre* (conpost [1]), *prendre* (conpost), — in EBRE, *decebre* (conpost), — *fendre, pendre* (con-

*extersit.* In hac syllaba [ERS estreit]: *erexit*..... hac syllaba [ARS], *sparsit, arsit.* Hac sillaba [OC] : *cognovit, ignoravit, recognovit.* Hac sillaba [OIS] : *unxit, perunxit, vinxit.* In hac sillaba [OLC] : *voluit, abstulit, coluit, moluit, doluit.* Hac syllaba [OS] : *fodit, apposuit, deposuit.* Hac syllaba [OS] : *excussit, abscondit, prœdam excussit, segetem totondit.* Hac syllaba [OLS] : *solvit, absolvit, voluit, revoluit.* Hac syllaba [ORS] : *torsit, distorsit, retorsit.* Hac syllaba [EUS] : *timuit*......., *conquestus est*...... *fregit, consolatus est, humiliavit, defuit, traxit, attraxit, narravit, debellare fecit, valde traxit, subripuit, expedivit*..... Hac syllaba [AUS], *clausit.*

Et ideo feci tam prolixum sermonem de tertia persona præteriti perfecti, quia major confusio erat in illa quam in omnibus aliis personis, quia, pro majori parte, prima persona desinit in hac littera [I] et secunda in hac syllaba [IST]. De præterito indicativi intelligas, ubi, pro majori parte, prima et secunda persona sunt similes. De præterito imperfecto secundæ et tertiæ et quartæ conjugationis, omnia verba sunt similia, sicut dictum est superius.

In præterito plus quam perfecto omnia, illa verba quorum infinitivus desinit ita, in ENDRE vel in [ONDRE] : *tendere* (compositum), *prendere* (compositum), *decipere* (compositum), *findere, pendere* (compositum),

***

[1] *Conpost.* — Le grammairien, en plaçant ce mot à la suite de quelques verbes, veut dire : *et tous les composés de ce verbe.*

post). — *metre* (conpost), *batre* (conpost), *respondre, fotre,* — et in
ER, si cum: *aver, poder, tener, saber, dever,* sun senblan a la prima
conjugazo, mudat AT in UT; et aquelh don l'enfinitius fenis in IR,
mudat AT in IT, trait tres que muden AT in ONTH : *ponher, jonher,
onher;* e *vezer,* mudat AT in IST. E trait *prendre* e *metre* ab lor
conpost, que muden AT in ES. E trait *escondre,* (AT in OS.) E trait
*penher, fenher, empenher, tenher, cenher* ab totz sos conpost, que
muden AT in EMHT, et *atenher* eissamen. trait *estrenher* ab totz
sos conpost que muda AT in EIT, si cum : *eu avia amat, eu avia
saubut, pogut, conogut, tengut, degut,* —*eu avia auzit, legit, escrit,
dit,* — *eu avia pres, mes,* — *poinht, oinht, jonht,* — *estreit, des-
treit,* —*feinht, peinht, teinht, ceinht, empeinht.*

El futur del indicatiu sun semblans totas las quatre conjugazos :
*rai, ras, ra, rem, retz, ran* vel *rau.* E la segonda persona del imperatiu fenis aici cum la terza persona del presen del indicatiu
singular, trait aquest verbe *saber,* que fa *sapchas* el emperatiu.
El emperatius de la prima fenis in A en seconda persona ; en terza
in E , si cum : *ama tu, ame cel, amem nos, amats vos, amen cel* o
*amon.* Et es lo futurs del emperatiu tals cum lo presens.

Lo presens del optatiu vol en totas conjugazos, trait la prima,
generalmen fenir en *ria, rias, ria, riam, riatz, rien* vel *rion.* El
preterit plus que perfeit fenis in *agues, aguesses, agues, aguessem, aguessetz, aguessen* vel *aguesson,* ajustat UT en la fin, en totas

*mittere* (compositum), *percutere* (compositum), *respondere.....* et in hac
syllaba [ER], verbi gratia : *habere, posse, tenere, sapere, debere,* sunt similia
primæ conjugationis, mutata syllaba hac AT in UT, et illa, quorum infinitivus desinit in hac [IR], syllaba mutata [AT in IT]. Ab regula excipiuntur tres, ubi loco AT ponitur ONHT : *pungere, jungere, ungere.* Exci-
pitur et *videre ;* mutat [AT in IST]. Et hoc excepto *prendere,* et hoc verbo
excepto *mittere,* cum omnibus suis compositis, quæ mutant [AT in ES].
Excepto etiam *excutere,* qui mutat [AT in OS]. Et exceptis his : *pingere,
fingere, impingere, tingere, cingere,* cum omnibus suis compositis, quæ mutant [AT in EMHT]....... verbi gratia : *amaveram, sciveram, potueram, cog-
noveram, tenueram, debueram, habueram, audieram, legeram, scripseram,
dixeram, ceperam, miseram, punxeram, unxeram, vinxeram, strinxeram,
finxeram, pinxeram, tinxeram, cinxeram, impegeram.*
...*Amabo, amabis, bit, amabimus, tis, bunt; ama, amet, amatote, ament,*
......Præsens optativi in omnibus conjugationibus sicut : *utinam amarem,
res, ret, amaremus, tis, rent; utinam amavissem, set, set; amavissemus, tis, sent,*
addita hac syllaba [UT], in fine, in omnibus personis, si verbum est se-

personas, si lo verbes es de la seconda conjugazo o de la terza; si es de la quarta, IT. Pero segon que lo preterit plus que perfeit del indicatiu es formatz, sun tuit li preterit plus que perfeit format, ajustat *agues* el cap, si cum : *s'eu agues saubut : s'ieu agues tengut, perdut, conogut, pogut; s'eu agues ausit, escrit, dormit, delit, avuit,* si cum se conte plus pleneramen desus.

El preterit plus que perfeit del indicatiu, el futur del obtatiu, el presens del conjunctiu sun semblan, que fenissen : *a, as, a, am, atz, an* vel *o,* si cum : *eu sia, tu sias, cel sia, cum nos siam, vos siatz, cel sian* vel *sion.*

El preterit non perfeit del conjunctiu, si es de la segonda o de la terza : *es, esses, es, essem, essetz, essen,* cum de la prima, si cum : *cum eu agues, tu aguesses, cel agues, cum nos aguessem, vos aguessetz, celh aguessen* vel *aguesson.* Si es de la quarta, *is, isses, is, issem, issetz, issen* vel *isson,* si cum : *eu dormis, tu dormisses, cel dormis, cum nos dormissem........* vel *dormisson.*

Lo preterit perfeit del conjunctiu : *aia ut, aias ut, aia ut, aiam ut, aiatz ut, aien* vel *aian ut,* si es de la segonda o de la terza conjugazo, si cum : *eu aia tendut, tu aias tendut, cel aia tendut, nos*

cundæ conjugationis; si primæ, AT; si tertiæ, UT; si est quartæ, IT. Primo secundum formationem præteriti plusquam perfecti indicativi, formantur alia præterita plusquam perfecta, posita hac dictione *agues,* el cap, loco *avia,* verbi gratia : *si scivissem, si tenuissem,* et sic de singulis : *agues perditum, cognitum... si audissem,* et sic de singulis : *dormitum, destructum, vituperatum,* sicut plenius continetur[1].

Et præteritum plusquam perfectum indicativi, et futurum optativi, et præsens conjunctivi sunt similes, in secunda, et in tertia, et in quarta conjugatione, quæ desinunt ita : *dicam, dicas, cat, dicamus, tis, cant,* verbi gratia : *cum sim, sis, sit; cum simus, sitis, sint.* In præterito imperfecto conjunctivi, si est secundæ videlicet conjugationis, vel tertiæ : *cum haberem, res, ret, haberemus, tis, rent,* sicut in prima conjugatione dictum est, verbi gratia : *cum haberem, res, ret, haberemus, tis, rent.* Si est de la quarta, verbi gratia : *cum dormirem, res, ret;* in plurali : *cum dormiremus, tis, rent.* Hoc duplici modo potest dici videlicet secundæ et tertiæ conjugationis : prima persona [*aia ut*], secunda [*ias ut*], tertia [*aia ut*]. In plurali, prima persona [*aiam ut*], secunda [*aiatz ut*], tertia [*aien* vel *aion ut*], si est secundæ vel tertiæ conjugationis, verbi gratia : *cum tetenderim, tetenderis, tetenderit;* in plurali, prima persona, *cum*

---

[1] Ce paragraphe est aussi obscur et aussi défectueux que ceux qu'on a déjà lus plus haut. Les mêmes causes ont produit la même confusion.

*aiam tendut, vos aiatz tendutz, celh aion* vel *aien tendut.* — Si es
de la quarta, muda UT in IT, si cum : *eu aia sentit, tu aias sentit,
cel aia sentit, nos aiam sentit, vos aiatz sentit, celh aien* vel *aion
sentit.*

Lo preterit plus que perfeit del conjunctiu es tals cum del obtatiu. El futur cum : *eu aurai tengut, tu auras tengut, cel aura tengut, nos aurem tengut, vos auretz tengut, celh auran* vel *aurau
tengut,* si es de la segonda e de la terza. Si es de la quarta, muda
UT in IT.

Del infinitiu es ditz assatz dessus, al comenzamen dels verbes.
Lo Passius de las autras conjugazos, si cum es dit de la primera
sia totz per ordre, fors que en la segonda et en la terza muda AT
in UT, et en la quarta AT in IT.

Et aquist sun li verbe de la prima conjugazo :

*(Suit une longue nomenclature de verbes de la première conju-
gaison, rangés par ordre alphabétique.)*

De la segonda conjugazo :

*(Suit une liste sans ordre de verbes de la deuxième et de la troi-
sième conjugaison.)*

Tut li verbe sobredit, don l'infinitius fenis in ER, sun de la segonda conjugazo, e tut li altre de la terza, d'aquel loc en sai on
fenissen celh de la prima.

De la quarta sun :

*(Suit la liste d'un grand nombre de verbes de cette conjugaison.)*

*telenderimus;* secunda, *telenderitis;* persona tertia, *telenderunt.* Si
est quartæ conjugationis, videlicet mutata hac syllaba [UT in IT],
verbi gratia : *cum sentierim,* in singulari primæ personæ; secunda,
*sentieris;* tertia, *sentierit;* in plurali, *sentierimus...*

Præteritum plusquam perfectum conjunctivi est tale quale optativi.
Dicit ita in futuro : *cum tenuero, tenueris, rit, tenuerimus.* Debet ita intelligi, si est secundæ vel tertiæ conjugationis; si est quartæ, mutata hac
syllaba UT in IT. De infinitivo dictum est satis superius. In principio
cum cœpi loqui de verbis passivis aliarum conjugationum, sicut de prima dictum est, sit totum per ordinem; excepto sit quod in secunda et
tertia conjugatione mutat hanc syllabam AT in UT.

Omnia verba supradicta, quorum infinitivus finit in hac syllaba [ER],
sunt secundæ conjugationis; et omnia alia verba sunt tertiæ conjugationis, videlicet ab illo loco ubi finiunt primæ conjugationis.

¹ Adverbes es apellatz, qar josta lo verbe deu esser pausatz, si cum : « *Eu dic veramen, se tu non vas tost, eu te batrei malamen.* » — *Dic* es verbum. *Veramen,* adverbium affirmandi. *Vas* es verbe. *Batrei,* verbum. *Tost, malamen,* adverbia qualitatis.

Al adverbe pertenen tres causas : species, significatio et figura. *Malamen* ven de *mal,* e per zo es derivativæ speciei, quar ven d'autre. *Tost* es primitivæ speciei, quar no ven d'autre. *Malamen* signifia qualitat, et *bonamen,* et *francamen* et *temerosamen.* Mas saber deves que tuit li averbe que fenissen in EN, poden fenir in ENZ, si besogna, qu'eu posc dir *malamen* o *malamenz.* E sun autre averbe que signifien temps, si cum : *er, or, aras* o *ar, l'autr'er, dema, ja, a la vegada, adonc, mentre, ogan, antan, tart, totztemps, man.* — L'autre signifian ajustamen, si cum *essems.* L'autre demostramen, si cum *veus me, velvos.* L'autre afermamen, si cum : *veramen, certamen.* L'autre loc, si cum : *aici, aqui, dins,*

ADVERBIUM dicitur, quia stat juxta verbum et semper jungitur verbo, verbi gratia : « ego dico veraciter nisi vadas cito, ego te percutiam male.» — Hæc dictio [*dic*] verbum. Hæc dictio [*malamen*] adverbium. Hæc dictio [*vas*] est verbum, et hæc [*batrei*] est verbum. Hæ duæ dictiones [*tost, malamen*] adverbia. Ad adverbium pertinent tria : species, significatio et figura. Hæc dictio [*malamen*] derivatur a *malo,* et ideo est derivativæ speciei, quia derivatur alio. Hæc dictio [*malamen*] significat qualitatem, et hæc [*bonamem*], et hæc [*francamen*], et hæc [*temerosamen*]. Sed scire debetis quod omnia adverbia quæ desinunt in hac syllaba [EN], possunt finire in hac syllaba [ENZ], si necesse est, quia possum dicere sic [*malamen*], vel sic [*malamentz*]. Et sunt alia adverbia quæ significativa sunt temporum, verbi gratia : *hodie, modo* vel *idem* ², *nuper, cras... aliquando, hoc anno, alio anno, dum, sero, semper, mane, tunc.* — Alia significativa adjunctionis, verbi gratia, *simul.* Alia demonstrationis, verbi gratia : *ecce me, ecce ille.* Alia affirmationis, verbi gratia : *veraciter, certe.* Alia loci,

¹ Le texte roman et la traduction latine du DONATUS PROVINCIALIS ne sont pas renfermés dans le même Ms., comme je l'ai dit plus haut ; mais le Ms. roman contient ici une traduction latine interlinéaire. Le Ms. latin offre la même singularité, et à partir du même endroit, c'est-à-dire que le texte provençal s'y trouve inséré dans les interlignes. Je n'ai pas cru devoir reproduire cette disposition des deux textes, qui est loin d'être commode ; je me suis borné à intercaler entre [ ], dans la traduction latine, les mots romans que désignent les pronoms *hæ, hæc,* et que le copiste ou le traducteur ne s'est pas donné la peine de répéter, parce qu'ils se trouvent placés au-dessus ou au-dessous de ces pronoms indicatifs.

² *Idem* veut dire encore ici : *même sens que le mot précédent.*

*defórs, deltái, dezái, lai, zai, ámón, aval, sus, jós.* L'autre comparatio, si cum : *plus, mais, maórmen.*

PARTICIPIU es ditz, qar pren l'una part del nom e l'autra del verbe. Del nom rete cas et genus ; de verbe reten temps e significatio ; del un et del autre nombre et figura, et d'aizó ai dit assatz el nom et el verbe ; mas saber devetz que tuit li particip fenissen en ANS, o en ENS, o en ATZ, o en UTZ, o en ITZ, si cum : *amans, presanz, plasenz, suffrens, conogutz, retengutz, auzitz, peritz, enganatz, despolhatz.*

CONJUNCTIOS es apellada qar ajosta l'un mot a l'autre, si cum : « eu *et* tu *et* el devem disnar ensems. » Et las unas son copulativas, e las autras ordinativas, si cum : *derenan, d'aqui enan, d'aqui en reire.* Las autras asimilativas, si cum : *autresi, aisi cum, si cum, quais.*

verbi gratia : *hic, intus, foris, illuc, inde, idem. sursum, deorsum, sursum. sublus.* Alia comparativa : *magis, minus, maxime.*

PARTICIPIUM dicitur, quia capit partem nominis, partemque verbi. A nomine recipit casus et genera ; a verbo retinet tempora et significationes ; ab utroque numerum et figuram, et de istis dixi satis in nomine et in verbo ; sed scire debetis quod omnia participia finiunt in hac dictione [ANS] vel in hac [ENS] vel in hac [UTZ, ITZ], verbi gratia : *amans, apprecians, appreciatus, placens, patiens, cognitus, retentus, auditus, peritus, deceptus, despoliatus.*

CONJUNCTIO dicitur quia jungit unam dictionem cum alia, verbi gratia : « ego, tu et ille debemus prandere simul. » Et quædam sunt copulativæ, et aliæ sunt ordinativæ, verbi gratia : *de cætero, idem, olim.* Aliæ sunt assimilativæ, verbi gratia : *sicut, sic ut, verbi gratia, quasi.*

C'est ici que se termine la partie purement grammaticale du DONATUS PROVINCIALIS ; ce qui suit est du ressort de la prosodie, et l'on y passe sans transition. Il y a évidemment lacune dans manuscrit, à moins de supposer que le grammairien, pour épargner la patience du lecteur, comme il le dit plus bas, à la fin de son *Rimario*, a volontairement passé sous silence la *préposition* et l'*interjection*. Quoi qu'il en soit, ces deux chapitres manquent à l'ouvrage, qui se termine, comme je l'ai dit, par un dictionnaire de rimes, où sont rappelées çà et là quelques règles de la grammaire, relatives aux désinences uniformes de certains temps des verbes. Il serait inutile de reproduire ici ces règles, qui se trouvent déjà plus haut, à peu près dans les mêmes termes, et dont le rappel n'a eu pour but que d'éviter de longues nomenclatures.

Voici ce qu'on lit à la fin du manuscrit de la Bibliothèque Laurentienne :

Et hæc de rythmis dicta sufficiant, non quod plures adhuc nequeant inveniri, sed, ad vitandum lectori fastidium, finem operi meo volo imponere, sciens procul dubio librum meum æmulorum vocibus Jacerandum, quorum est proprium reprehendere quæ ignorant. Sed si quis invidorum in mei præsentia hoc opus redarguere præsumpserit, de scientia mea tantum confido, quod ipsum convincam coram omnibus manifeste, sciens quod nullus ante me tractavit ita perfecte super his, nec ad unguem ita singula declaravit. Civis Ugo nominor, qui librum composui precibus Jacobi de Mola et domini Corani Zuchii de Sterlleto, ad dandam doctrinam vulgaris Provincialis, et ad discernendum verum a falso in dicto vulgare [1].

Au commencement du manuscrit de la Bibliothèque Ambrosienne, dit M. Raynouard [2], on lit :

« Incipit liber quem composuit Hugo Faidit, precibus Jacobi de Mona et domini Conradi de Sterleto, ad dandam doctrinam vulgaris Provincialis, ad discernendum inter verum et falsum vulgare. »

[1] Fragment cité par Bastero, *Crusca Provenzale*, p. 110 et par M. Raynouard, *Choix des poésies orig. des troub.*, t. II, p. clii.

[2] *Ibid.*, à la note.

EXPLICIT LIBER DONATI PROVINCIALIS.

## II.

# LA DREITA MANIERA DE TROBAR,

Per so qar ieu Raimonz Vidals ai vist et conegut que pauc d'omes sabon ni an saubuda la drecha maniera de trobar, voill eu far aquest libre per far conoisser et saber qals dels trobadors an mielz trobat et mielz ensenhat ad aqelz qel volran aprenre, com devon segre la drecha maniera de trobar. Pero s'ieu i alongi en causas qe porria plus leumens dir, nous en deves meravellar; car eu vei et conosc qe mant saber en son tornat en error et en tenso qar eran tant breumens dig. Per q'ieu alongarai en tal luec qe porria plus breumentz hom dir; et si ren i lais o i fas errada, pot si ben avenir per oblit; qar ieu non ai leis vistas ni auzidas totas las causas del mon, o per fallimentz de pensar. Per qe totz hom prims m'en deu rasonar, pois conoissera la causa. Ieu sai ben que mant home i blasmeran, o diran : « aital ren i degra mais metre, » qe sol lo quart non sabrian far ni conoisser, si non o trobessen tan ben assesmat. Autresi vos dig qe homes prims i aura, de cui enten, si tot s'estai ben, qe i sabrian bien meilhorar o mais metre ; qe greu trobares negun saben tan fort ni tan primamenz dig, qe uns hom prims no i saubes melhurar, o mais metre. Per qu'ieu vos dig qe en neguna ren, pos basta ni ben ista, non devon ren ostar ni mais metre.

Éloge du gai savoir. — Totas gens Cristianas, Jusieuas et Sarazinas, emperador, princeps, rei, duc, conte, vesconte, contor, valvasor, clergue, borgues, vilans, paucs et granz, meton totz jorns lor entendiment en trobar et en chantar, o qen volon trobar, o qen volon entendre, o qen volon dire, o qen volon auzir, qe greu seres en loc negun tan privat ni tant sol, pos gens i a, paucas o moutas, qe ades non auias cantar, un o autre, o tot ensems, qe neis li pastor de la montagna lo maior sollatz qe ill aian an de chantar ; et tuit li mal el ben del mont son mes en remembransa per trobadors; et ja non trobaras mot un mal dig , pos trobaires l'a mes en rima, qe tot jorns en remembranza [non sia mes]; qar trobars et chantars son movemenz de totas galliardias.

En aqest saber de trobar son enganat li trobador et dirai vos com ni per qe. Li auzidor qe ren non intendon, qant auzon un bon chantar, faran semblant qe fort ben l'entendon et ges no l'entendran, qe cuieran so qelz en tengues hom per pecs si dizon qe non l'entendesson : en aisi enganan lor mezeis, qe uns dels maior sens del mont es qi demanda ni vol apenre so qe non sap ; et sil qe entendon, qant auzion un malvais trobador, per ensegnament li lauzaran son chantar ; et si no lo volon lauzar, al menz nol volran blasmar ; et aisi son enganat li trobador, et li auzidor n'an lo blasme ; car una de las maiors valors del mont es qui sap lauzar so qe fai a lauzar, et blasmar so qe fai a blasmar.

Sill qe cuion entendre, et non entendon, per otracuiament non aprendon, et en aisi remanon enganat. Ieu non dic ges qe toz los homes del mon puesca far prims ni entendenz, ni qe fassa tornar de lor enveitz senz plana paraola. Pero anc, dic vos, non fes tan gran error per qe ben i sia escoutatz, ni ben puesca parlar, qe non traga alcun home qe o entendra. Per qe, si tot ieu non entent qe totz los puesca far entendentz, si vueill far aqest libre per l'una partida.

Aqest saber de trobar non fou anc mais ni ajostatz tan ben en un sol luec, mais qe cascun n'ac en son cor, segon que fon prims ni entendenz. Ni non crezas que neguns hom n'aia istat maistres ni perfaig ; car tant es cars et fins le saber qe hanc nuls homs non se donet garda del tot. So conoissera totz homs prims et entendenz qe ben esgard aqest libre. Ni eu non dic ges qe sia maistres ni parfaitz, mas tan dirai segon mon sen en aqest libre, qe totz homs qi l'entendra, ni aia bon cor de trobar, poira far sos cantars ses tota vergoigna.

De la langue limousine. — Totz hom qe vol trobar ni entendre deu primierament saber qe neguna parladura no es naturals ni drecha del nostre lingage, mais aqella de Franza[1] et de Lemosi

[1] Bastero lit ainsi ce passage, qu'il a cité : « Totz hom qe vol trobar ni entendre

et de Proenza e d'Alvergna et de Caersim. Per qe ieu vos dic qe qant ren parlarai de Lemosis, qe totas estas terras entendas, et totas lor vezinas, et totas cellas qe son entre ellas. Et tot l'ome qe en aqellas sont nat ni norit, an la parladura natural et drecha, mas cant uns d'els eiciz de la parladura per una rima, qe i aura mestier, o per autra causa. Mielz conois cels qe a la parladura reconeguda, et non cuian tan mal far con fan, cant la jettan de sa natura, anz so cuian qe lors lengages sia. Per q'ieu vuell far aqest libre, per far conoisser la parladura a cels qe la sabon drecha, et per ensennar a cels qe non la sabon.

La Parladura Francesca val mais et[1] plus avinenz a far *romanz* et *pasturellas*; mas cella de Lemosin val mais per far *vers* et *cansons* et *serventes*; et per totas las terras de nostre lengage so de maior autoritat li cantar de la lenga Lemosina que de neguna autra parladura, per q'ieu vos en parlarai primeramen.

Mant home son qe dizon qe PORTA ni PAN ni VIN non son paraolas de Lemosin, per so car hom las ditz autresi en autras terras com en Lemosin; et sol non sabon qe dizon; car totas paraolas qe ditz hom en Limosin d'autras guisas que en autras terras, aqellas son propriamenz de Lemosin. Per q'ieu vos dic qe totz hom qe vuella trobar ni entendre deu aver fort privada la parladura de Lemosin, et apres deu saber alqus de la natura de gramatica, si fort primamenz vol trobar ni entendre; car tota la parladura de Lemosin se parla naturalmenz, et per cas et per genres, et per temps, et per personas, et per motz, aisi com poretz auzir aissi, si ben o escoutas.

« deu primierament saber qe neguna parladura non es naturals ni dreta del nostre « lengatge, mas aquela de Lemosi, e de Proenza, e d'Alvergna, e de Caersim. » Cette leçon est probablement conforme au texte du Ms. original; peut-être cependant est-ce une correction de Bastero. Quoi qu'il en soit, c'est ainsi qu'il faut lire ou corriger cette phrase avec lui. L'addition du mot *Franza* ne peut être qu'une erreur de copiste : elle forme un véritable non-sens, et une contradiction avec plusieurs passages de cette grammaire, et notamment avec le suivant, que Bastero a également cité : « Tuyt aquel qe dizon : AMIS per *amics*, et MOI per *me*, etc., tut « fallon, qe paraulas son Franzesas e no las deu hom mesclar ab Lemosinas. » Ce qui signifie : « Tous ceux qui disent: AMIS pour *amics* et MOI pour *me*, etc., font « une faute; car ce sont des mots français que l'on ne doit pas mêler avec les mots « Limousins. » Ce passage ne permet pas de laisser subsister ici le mot *Franza*, qui se trouve dans notre copie, et dont la suppression est d'ailleurs une affaire de bon sens. (*Voyez* Bastero, *Cusa Provenzale*, pref. p. 5 et 29.)

[1] Suppléez *es* (est).

Parties du discours. — Totz hom qe s'entenda en gramatica deu saber qe og partz son de qe totas las paraolas del mont si trason, so es a saber del nom, et del pronom, et del verb, et del averbi, et del particip, et de la conjunctio, et de la prepositio, et de la interjectio.

Per tot aiso qe ieu vos dich, deves saber qe las paraolas i a de tres manieras : las unas son *ajectivas* et las autras *substantivas*, et las autras ni l'un ni l'autre. *Ajectivas* et *substantivas* son totas acellas qe an pluralitat et singularitat, et mostron genre, et persona, et temps, o sostenon, o son sostengudas, aisi con son sellas del nom et del pronom et del particip et del verb, mas cellas del averbi et de la conjunctio, et de la prepositio, et de la interjectio, per car singularitat ni pluralitat non an, ni demostron genre, ni persona, ni temps, ni sostenon ni son sostengudas, ni son ni l'un ni l'autre, et podes las appellar neutras.

Las paraulas adjectivas son com : *bons, bels, bona, bella, fortz, vils, sotils, plazens, soffrenz, am, vau, grasisc, engresisc,* o cant a o qe fai o qe suffre ; et son appelladas adjectivas, car hom no las pot portar ad entendement, si sobre substantius non las geta.

Las paraulas substantivas son aiso com : *bellezza, bonezza, cavaliers, cavals, dompna, poma, ieu, tu, mieus, tieus, sai estau,* et totas las autras del mont, qe demostron substantia visibil e non visibil ; et aiso an nom substantivas, car demonstran substantia, et sostenon las ajectivas, aisi com qi dizia : « *Reis sui d'Aragon,* o : *ieu sui rics homs.* »

Las paraulas adjectivas son de tres manieras : las unas son masculinas, et las autras femininas, et las autras comunas. Las masculinas son aisi com *bons, bels,* et totas cellas qe hom ditz en l'entendiment del masculin ; et no las pot hom dir mas ab substantiu masculin. Las femininas son aisi com *bona, bella,* et totas cellas qe hom ditz en entendiment del feminin ; et no las pot hom dir mas ab substantiu feminin. Las comunas son aisi com : *fortz, vils, sotils, plasenz, suffrenz, am, vau, grasisc,* et mantas d'autras qe n'i a d'aqesta maniera. Et son pero appelladas comunas, car hom las pot dir aitan ben a substantiu masculin com ab femenin, vel a feminin com a masculin, et com ab comun ; car aitan ben n'i a de tres manieras com de las substantivas.

Las paraulas substantivas femininas son : *bellezza, bonezza, dompna, Roma,* et totas las autras, qe demostran substantia feminina. Las masculinas son : *cavaliers, cavals,* et totas las autras

qe demonstron substantia masculina. Comunas son totas aqestas :
*ieu, sui, estau, tu,* et totas las autras, don si pot demostrar aitan
ben homs com femna, aisi com *verges;* car hom pot ben dir :
*verges es aqest homs,* o : *verges es aquesta femna.*

Noms. — Primieramentz vos parlarai del nom et de las paraolas
qe son de la sieua substantia, com las ditz hom en Lemosin. Saber
deves qel nom a sinc declinations, et qascuna d'ellas a dos nombres, so es a saber lo singular el plural. Le singulars parla d'una et
nominatiu, el genitiu, el datiu et vocatiu et el ablatiu.

Apres tot aisi deves saber qe grammatica fai genres, so es a
saber le masculins et feminins, et neutris, et es comun. Mas en
Romans totas las paraolas del mont, adjectivas o substantivas,
son masculinas, o femininas, o comunas o de luns entendemenz,
aisi com ieu vos ai dig desus. En petit us en fora, qe pot hom
abreviar, per rason del neutri, el nominatiu el vocatiu singular,
aisi com qui volia dir : *bon m'es car m'aves onrat,* o : *mal m'es
car m'aves tengut,* —*bel es aiso;* et autresi van tuit cill d'aqest
semblant. Et dar vos n'ai eisemple dels masculins et dels feminins. En gramatica es *arbres* feminins, et *cors* es neutris ; et ditz
los hom en Romans masculins. En gramatica fai hom masculin
*amor,* et *mar* neutriu ; et ditz los feminins en Romans. Autresi
totas las paraulas del mont son masculinas, o femininas, o comunas et de luns entendemenz en Romans. D'aqest dos cas en
fora, qe ieu vos ai dich, qe son neutriu per abreviar. Estiers non tro-
baretz neguna paraula substantiva que hom puesca dir en neutri,
mas solamenz las ajectivas, aisi com ieu vos ai dig, el nominatiu
el vocatiu singular, car ja non trobares autre cas negun.

Hueimais deves saber que totas las paraulas del mont masculinas, qe s'atagnon al nomen, et cellas qe hom ditz en l'entendement del masculin, substantivas et adjectivas, *s'alongan* en. vi.
cas, so es a saber : el nominatiu singular, el genitiu, el datiu, et
en l'acusatiu, et en l'ablatiu plural ; et *s'abrevion* en. vi. cas , so
es a saber : lo genitiu, et el datiu, et el acusatiu, et el ablatiu singular, et el nominatiu et el vocatiu plural. *Alongar* apelli ieu
cant hom ditz : *cavaliers, cavals,* et autresi de totas las autras paraulas del mon. Si om dizia : *lo cavalier es vengut,* o *mal mi fes
lo caval,* o *bon sap l'escut,* mal seria dich, qel nominatiu singular alongar si deu , si tot hom dis per us : *pus vengut es lo cavalier,*

o *mal mi fes lo caval, o bon sap l'escut.* Et el nominatiu plural deu hom abreviar, si totz hom dis en motz luecs : *vengut son los cavaliers, o mal mi feron los cavals, o bon mi sabon los escutz.* Autresi de totas las paraulas masculinas s'alongon tuit li vocatiu singular, et s'abrevion tuit li vocatiu plural. Li vocatiu singular s'alongon, autresi con li nominatiu.

Et eu, per so qe ancaras n'aias maior entendement, vos en trobarai senblan dels trobadors, aisi con o an menat sobrel nominatiu cas singulars, et sobrel nominatiu plural, et sobrel vocatiu singular, et sobrel plural, per so car aqest qatre cas son plus desleu per entendre a cels que non an la parladura qe als autres, qe l'an drecha ; car li catre cas singular, so es le genitius, el datius, et l'acusatius, et l'ablatius s'abrevien per totas las terras del mon ; et li catre cas plural, so es a saber lo genitius, el datius, et l'acusatius, et l'ablatius s'alongon per totas las terras del mon ; mas per so qe li nominatiu el vocatiu singular non s'alongan, mas per cels que an la drecha parladura, ni li nominatiu plural non s'abrevion, mas per cels que an la drecha parladura.

En Bernartz del Ventedor dis :

> Bien s'estai, doupna, ardimenz [1],

et dis en autre luoc :

> Bona dompna, vostre cor genz [2].

En G. de Sain Leidier dis :

> Dompna, ieu vos sui messagiers [3].

et en autre luoc dis :

> Non sai cals es le cavaliers [4].

---

[1] Ce vers se trouve dans la pièce qui commence par ces mots : *Ab joi mou lo vers.* — *Voyez* M. Raynouard, *Choix des poésies orig. des Troub.*, t. III, p. 43, où on lit :

> Ben estai a domna ardimens.

[2] Même pièce. — Voici la leçon de M. Raynouard :

> Belha dompna, 'l vostre cors gens.

[3] C'est le premier vers de la chanson publiée par M. de Rochegude; *Parnas. Occit.*, p. 283.

[4] Même chanson. — On lit LO au lieu de LE dans M. de Rochegude.

En G. del Borneill dis :

> E pois del mal nom fui la faus
> Et conosc cals serial hes [1].

tuit aquist nominatiu foron singular alongat.

Araus donarai senblantz dels vocatius en un luec :

> Et vos donpna pros, franche et de bon aire [2].

en autre luoc dis :

> Ben a dos onz,
> Bels cors prezanz.

Araus donrai senblanz dels nominatius plurals, com s'abrevion. En B. del Ventadorn dis :

> Saber podon Pri'avin et Norman.

et en G. del Borneill dis :

> Et sil fag son gentil [3].

araus donrai semblant dels vocatius plurals. En B. del Ventadorn dis :

> Ar me consilhatz, senhor [4].

Estiers vos vuell far saber qe una paraula i a masculina, ses plus, qe s'alonga el nominatiu et el vocatiu singular et en toz los plurals, so es a saber : *malvaz*.

Ausit aves com hom deu menar las paraulas masculinas en abreviamen et en alongamen. Araus parlarai de las femininas et de totas cellas qe hom dis en entendement en feminin. Saber deves que las paraulas femininas i a de tres manieras : las unas que fenissen en A, en aisi com : *dompna, poma, bella,* et mantas autras paraulas que fenisson en OR, en aisi com : *amor, color, lauzor.* d'autras n'i a que feneisson en ON, en aisi com : *chanson, saison, faison, ochaison.*

Saber deves qe totas cellas qe feneisson en A, adjectivas et substan-

---

[1] Giraud de Borneil : *Can creis la fresca.* — J'ai restitué ces deux vers d'après le Ms. de la Bibl. royale, suppl. fr., n° 2032.

[2] Je n'ai pu retrouver ces vers ni les deux citations qui suivent. La dernière ne me paraît pas appartenir à Bernard de Ventadour.

[3] Giraud de Borneil : *Leu chansoneta.* Ms. de la Bibl. royale, n° 2032, fol. 7 v°, col. 1.

[4] *Voyez* M. Raynouard, t. III, p. 88.

tivas aisi com : *donpna, poma,* s'abrevian en. **vi**. cas singulars, et alongan si en los. **vi**. cas plurals.

Las autras que feneisson en **or**, en aisi com *amor, color, lauzor,* et aqellas qe feneisson en **on**, aisi com *chanson, sazon, ucaison,* s'alongon en. **viii**. cas so es a saber: el nominatiu et el vocatiu singular, et en toz los cas plural, et abrevion si el genitiu, et el datiu, et en l'acusatiu, et en l'ablatiu singular.

Et per so car li nominatiu singlar son plus salvatge a cels que non an la drecha parladura qe toz los autres, et darai vos en senblan dels trobadors.

N Arnautz de Merueill dis :

Sim destrenhetz, dona, vos et amors [1].

et manz d'autres qe n' i a, qe ieu porria dir. Mas en una paraula o en duas, qe ieu diga per senblan, pot entendre toz homs prims totas las autras.

Estiers vol vuel dir qe paraulas i a qe s'alongon en toz los cas singulars et plurals, en aisi com : *delechos, joios, volontos, ris, gris, vils, lis, cors, ors, las, nas, res, gras, pres, confes, engres, temps, gems, fals, reclus, condus, ars, spars, convers, envers, romans enans,* e noms propres d'omes et de terras, aisi con : *Paris, pais, Ponz,* et mantz autres qe n'i a, qe remanon el esgardament d'omes prims. Encars i a de paraulas qe s'alongon per totz los cas singulars et plurals per us de parladura, et car si dizon plus avinnenmenz, aisi com : *emperairis, chantairis, badairis,* et totas cellas qe son d'aqest semblant.

Autras paraulas i a qe hom pot abreviar, car son acusatiu singular, et en aqest cas mezeis, pot los hom alongar per us de parladura, aisi com qui volia dir : *ieu mi fai gai,* o : *ieu mi teng per pagat,* et en aisi es dig per cas ; et dis hom ben : *ieu mi fai gais,* o : *ieu mi tenc per pagatz.* Et en aisi ditz los homs per us de parladura, et totz aqels d'aqest semblant.

Encara vuell qe sapchatz qe el nominatiu et el vocatiu singular ditz hom *totz,* et, en totz los autres cas singular, ditz hom *tot ;* et en nominatiu et el vocatiu plural ditz hom *tut,* et en totz los autres cas plurals ditz hom *totz.*

Saber deves qe paraula i a del verb qe ditz hom aisi com del nomen, so es a saber los en nominatiu, aisi com qui volia dir :

[1] *Voyez* M. Raynouard, t. III, p. 223. — J'ai restitué ce vers d'après sa leçou.

*mal mi fai l'anars*, o : *bon sap le venirs;* et autresi s'alongan et s'abrevian com li masculin.

Las paraulas substantivas comunas, qant las ditz hom per masculins, s'alongan et abrevian aisi con li masculin; et cant si dizon per feminins, s'alongan et s'abrevian aisi com li feminin qe non feneissen en A.

En vostre cor devetz saber que tuit li adjectiu comun, so es a saber : *fortz, vils, sotils, plazenz, soffrenz*, de calqe part qe sian, o nom o particip, s'alongan el nominatiu et el vocatiu, sian o masculin o feminin, aisi con qui volia dir : *fortz es le chavals*, o : *fortz es li donna*, o : *fortz es li chansons;* et en totz los autres cas alongan si et s'abrevian, aisi com li substantiu.

Sapchatz qe *uns* s'alonga el nominatiu singlar, et per totz los autres cas, ditz hom *un;* et el nominatiu et el vocatiu plural ditz hom *dui, trei*, et en tot los autres, *dos, tres;* et en tot los autres nombres entro a .C. ditz hom per totz d'una guiza; mas. CC., CCC., CCCC., D.,'.DC., .DCC., .DCCC., DCCCC.., s'abrevion el nominatiu cas plural, et alongon si en totz los autres.

Parlat vos ai de las paraulas masculinas et femininas, con s'alongon et s'abrevion en cascun cas. Araus parlarai de cellas qe son del senblan al nominatiu et al vocatiu singular, et a totz los autres. Primieramen vos dirai las femininas : el nominatiu el vocatiu singlar, ditz hom : *ma donna, sor, necza, gasca, garza*, et, en totz los autres cas singulars, ditz hom : *mi dons, seror, boda* [1], *gascona, garsona*, et en totz los cas plurals dis hom : *dompnas, serors, bodas, gasconas, garsonas.*

Dels masculins podes auzir oimais. El nominatiu et el vocatiu singular ditz hom : *conpags, Peires, Bos, bailes, Ebles, laires, breses, gascs, gars, Carles, Ugos, Guis, Miles, Gaines, Folqes, Ponz, Berniers, dos, catz*, et en tot los autres cas singulars, et el nominatiu et el vocatiu plural ditz hom : *conpaignon, Peiro, Bozon, bailon, Eblon, lairon, breton, gascon, garson, Carlon, Ugon, Guison, Milon, Ganellon, Folcon, Ponson, Bernison, don, chaton.* Et el genitiu, et el datiu, et el acusatiu, et en l'ablatiu plural ditz hom : *conpagnons, Perons, bretons, barons, bailons, Eblons, lairons, bretons, castons.* Per so car trobares una paraula dicha en doas guisas, devetz sercar totz los cas.

Per totas aquestas deves saber qe el nominatiu et el vocatiu

---

[1] *Boda.* Suppléez : *ne. Neboda* correspond à *necza* ( nièce ).

singular dis hom : *nepos, abas, pastres, pestres, senhers, coms, vescoms, enfans, homs, clerges, tos,* et el genitiu, et el datiu, et en l'acusatiu, et en l'ablatiu singular, et el nominatiu, et el vocatiu plural ditz hom : *segnor, conte, vesconte, enfant, home, bot* [1], *abat.* Et el genitiu, et el datiu, et en l'acusatiu, et en l'ablatiu plural ditz hom : *segnors, contes, enfanz, homes, botz.* Autresi si trobatz d'autres a senblans d'aqest, vos deves pensar et esgardar qe en aisi los deu hom dir.

NOMS VERBAUX. — Dels nomens verbals i a de tres manieras, aisi com *emperaires, chantaires, violaires,* et en aisi con *grasieires, jauzieires,* et en aisi com *entendeires, valeires, deveires;* aqest et tuit l'autre d'aqesta maniera qe n'i a motz, qe si dizon en aisi el nominatiu et el vocatiu singular, so es *emperaires,* et *grazieires,* et *entendeires,* et autresi d'aqest senblar; et el genitiu, et el datiu, et en l'acusatiu, et en l'ablatiu singular, et el nominatiu et el vocatiu plural ditz hom : *emperador, jauzidor, entendedor,* et el genitiu, et el datiu, et en l'ablatiu plural ditz hom : *emperadors, jauzidors, entendedors,* aisi com lo masculins.

Si so son li adjectiu comun qe varion el nominatiu, et el vocatiu singular ab los autres. El nominatiu et el vocatiu singlar ditz hom ab qalqe substantiu, sian masculin o feminin : *maires, menres, meillers, bellazers, gensers, sordeiers, priers;* et en totz los autres cas ditz hom : *maior, menor, melhor, bellazor, gensor, sordeior, prior,* breus et loncs, aisi com els substantius masculins.

PRONOMS. — Per so qe dels verbs vuele parlar, vos dirai aisi las paraulas del pronomen, con dizon en cascun cas. El nominatiu et el vocatiu singular ditz hom : *aqels, cels, els, autres, cest, mot,* et en totz los autres cas singulars ditz hom : *aqest, cestui, lui, autrui,* et el nominatiu, et el vocatiu plural ditz hom : *ill, cill, aqill, aqist, autre, cist, miei, siei,* et en totz los autres cas plurals ditz hom : *cels, lors, aqest, autres, aicels, cest, los, mos, sos.*

Auzit aves dels masculins, ara vos dirai dels feminins. El nominatiu, et el genitiu, et el datiu, et en l'acusatiu, et el vocatiu, et en l'ablatiu singular, ditz hom : *ella, cella, autra, aqesta, la, sa,*

---

[1] *Bot.* Il faut lire : *nebot* (neveu). On trouve pourtant des exemples de cette forme abrégée.

*ma*, et en totz los cas plurals ditz hom : *ellas, cellas, autras*. Aqestas son cellas qe hom dis plus d'una guiza en totz locs.

Las paraulas del pronom son aqestas : *mieus, tieus, sieus, nostres*; et alongon si et s'abrevion aissi con li masculin. Las femininas son : *mieua, tieua, sieua, nostra, vostra*; et alongon si et s'abrevion aisi con las femininas del nomen.

En aiso qe vos ai dig entro aisi podetz aver entendut com si mena hom las paraulas del nomen, et del particip, et del pronomen ; et alongan si et abrevian. Ara vos parlarai del adverb et del conjunctiu, et del prepositiu, et del interjectiu.

**ADVERBES.** — Las paraulas del averbi pot hom dire longas o breus, qe an mestier, aisi com ditz hom : *mai* o *mais, largamen* o *largamenz, bonamen* o *bonamenz, eissamen* o *eissamenz, autramen* o *autramenz*.

**CONJONCTIONS, PRÉPOSITIONS, INTERJECTIONS.** — Autresi ditz hom d'aqesta maniera las paraulas del conjunctiu et del prepositiu et del interjectiu, et totz homs prims pot leu entendre, car tota via et en lotz luecs las ditz hom d'una guiza.

**VERBES.** — Hueimais vos parlarai del verb. — En la primiera persona del singular ditz hom, *sui*, et en la segonda ditz hom, *iest*, et en la terza hom, *es*. En la primiera persona del plural, ditz hom, *em*, en la seconda, *est*, en la terza ditz hom, *sun*. Per so vos ai parlat d'aqestas tres personas, car mant trobadors an messa l'una en luec de l'autre.

Paraulas i a del verb en qe an fallit los plus dels trobadors, aisi con : *trai, atrai, estrai, retrai, cre, mescre, rescre, descre, pavi, suffri, traï, vi*. Per so car en aqestas paraulas tres an fallit lo plus dels trobadors vos en parlarai a castiar los trobadors els entendedors.

Saber devetz qe *trai, atrai, estrai, retrai* son del present, et del indicatiu et de la terza persona del singular , e deu los hom dir aissi con qi dizia: *aqel trai lo caval del estable*, o : *aqel retrai bonas novas*, o : *aqel s'estrai d'aco qe a convengut*, et : *aqel atrai gran ben al sieu*. En la primiera persona ditz hom : *ieu trac lo caval del estable*, o : *ieu retrac bonas novas*, o : *ieu m'estrac d'aiquo qe ai convengut*, o : *ieu atrac gran ben als mieus*.

Pero **En B.** del Ventedor mes la terza persona per prima en dos cantars. L'uns ditz :

Ara can vei la fuella
Jos dels arbres cazer [1].

Et l'autres ditz :

Ara no vei luzir soleill [2].

Del primier cantar fon li falla en la cobla qe ditz :

Encontral dampnatge
E la pena q'ieu trai [3].

Et degra dire *trac*, car o dicis en prima persona, on hom deu dire *trac*. En l'autre cantar fon li falla en la cobla qe ditz :

Ja ma dompna nos meravelh
Sil prec qem don s'amor nim bai
Contra la foldat q'ieu retrai [4].

**Autresi degra dire aisi** *retrac*, qe de la terza persona es *trai* et *retrai*, qe aitan mal es dig : « *Ieu trai per vos gran mal*, » o qi dizia aqel : « *Retrac de vos gran mal.* »

**De leu** pot esser qe i aura d'omes qe diran en, com si pogra dire *trac* ni *retrac*, qe la rima non anava en aisi. Als disenz pot hom respondre qel trobaires degra cercar motz et rimas qe non fossan biaisas ni falsas en personas ni en cas. — *Trai, estrai* si dizon en aquella guiza mezeis. — A aitan ben son del present indicatiu et della terza persona del singular e *cre*, e *mescre*, et *descre.* En la prima persona ditz hom : *crei, mescrei, descrei.* Aitan mal isti qi diz : « *aquel crei*, » et qi ditz : « *ieu ve*, » con qui ditz : « *aqel vei.* » En la prima persona ditz hom *vei* ; en la terza ditz hom *ve.* Autresi en la prima persona ditz hom : « *ieu crei*, » et en la terza persona : « *aqel cre.* » Et autresi devon dir tut li autre d'aqesta razon

---

[1] *Voyez* M. Raynouard , *Choix des poésies orig. des Troub.*; t. III , p. 62, où on lit :

Lanquan vey la fuelha
Jos dels albres cazer.

[2] Restitué d'après le Ms. de la Bibl. royale, 7614, fol. 52 r°.
[3] *Voyez* M. Raynouard, t. III , p. 62.
[4] Ms. 7614, fol. 54 r°.

**Mas En G. del Borneill i falli en una bona chanson qe ditz :**

> Gen m'aten ses faillimen
> En un chan valen [1].

**En aqella cobla qe ditz :**

> De noen mi vau meten
> Per sobrardimen
> En bruda
> Mentaguda
> Qem trai
> Vas tal assai.

**Aqest qe es de la terza persona mes en la prima, on hom deu dire** *crei.*

**Autresi en blasmei En Peirol, qe dicis :**

> Et am la tan que a la mia fe
> Qan vei mon dan, ges mi mezeis non cre [2].

**En B. del Ventedorn que dicis :**

> Totas las dot et las mescre [3].

**En autre luec dicis :**

> A per pauc de joi nom recre [4].

Tut aqist : *cre, mescre, recre,* son de la terza persona del singular, et del indicatiu; et car il los an ditz en la prima persona, on hom deu dire : *crei, mescrei, recrei,* son fallit.

Autresi *suffri, feri, traï, nori,* et totas las paraulas d'aqesta maniera son del present perfag del indicatiu, et de la primiera persona del singular, et en la terza ditz hom : *partic, feric, traïc, noric.* Per qe En Folquetz iffailli qe dicis en la terza persona *traï,* en aqesta canson que ditz :

> A ! can gent venz et ab cant pauc d'afan [5].

---

[1] *Voyez* cette pièce dans le Ms. de la Bibl. royale, 7614, fol. 22 r°. — J'ai restitué d'après ce Ms., et d'après le Ms. 2033, suppl. fr., les vers cités ici, dont le texte était inintelligible.

[2] Peyrols : *Mout m'entramis.* Ms. 7614, fol. 89 r°.

[3] Ce vers se trouve dans la pièce : *Quan, vey la laudeta. Voyez* M. Raynouard, t. III. p. 68.

[4] *Voyez* M. Raynouard, t. III, p. 67. — *Quan par la flors.*

[5] Cette pièce est de Folquet de Marseille. — *Voyez* M. Raynouard, t. III, p 161. — Voici sa leçon :

> Ai ! quant gent vens et ab quant pauc d'afan...
> On trobaretz mais tant de bona fe
> Q'anc negus hom se mezeis non tray.

En aqella cobla qe ditz :

> On trobares mais tan de bona fe,
> C'anc mais nuls hom si meseis non traï.

Aqest *traï* dicis el en la terza persona, on hom deu dir *traïc*. Et en la primiera persona ditz hom *traï*, et autresi de totz los autres d'aqesta maniera, et trairai vos en senblan.

En Peire Vidals dicis en la terza persona :

> Carlizandris moric
> Per sos sers q'enriquic;
> El rei Daires feric
> A mort cel qel l'oïric [1].

Aitan mal seria dig qi dizia : « *aqel vi un hom,* » o : « *aquel feri un hom,* » con qi dizia : « *ieu vic un home,* » o : « *ieu feric un home.* » Autresi de totz los autres d'aqesta maniera.

Assatz podes entendre, pos ieu vos ai proat per tantz bons trobadors qe son faillit, gardats dels malvatz qe n'i trobaria hom qi o cercava, qe dels melhors n'atrobaria hom assatz mais, qi ben o volia cercar primamentz, de malvasas paraulas mal dichas.

Las autras paraulas del verb, per so car ieu non las poiria sens gran affan, totz hom prims las deu ben esgardar. Et eu cant aug parlar las gents d'aqella terra, e demant a cels que an la parladura reconoguda e ques gaston, on li bon trobador las an dichas; car nul gran saber non pot hom aver menz de gran us de sotileza.

Per aver mais d'entendemen vos vuoil dir qe paraulas i a don hom pot far doas rimas aisi con : *leal, talen, vilan, chanson, fin*. Et pot hom ben dir, qi si vol : *liau, talan, vila, chanso, fi*. Aisi troba qe o an menat li trobador; mas primiers, so es *leal, talen, chanson*, son li plus dreig. *Vilan, fin*, suffren miels alegramen.

Dig vos ai en qal luec del nomen dis hom *melhur* o *peior*, aisi con qi volia dir : « ieu melhur, » o : « ieu peiur. » Tot hom prims qe ben vuelha trobar ni entendre, deu ben aver esgardada et reconoguda la parladura de Lemosin et de las terras entorn, en aisi con vos ai dig en aqest libre, et qe las sapia abreviar, et alongar, et variar, et dreg dir per totz los luecs qe eu vos ai dig; et deu ben gardar qe neguna rima, qe li aia mestier,

---

[1] *Voyez* dans le Ms. de la Bibl. royale, suppl. fr. 2032, fol. 31 r⁰, col. 1, la pièce : *Ben viu a gran dolor.*

non la metra fora de sa proprietat, ni de son cas, ni de son genre, ni de son nombre, ni de sa part, ni de son mot, ni de sa persona, ni de son alongamen, ni de son abreviamen.

Per aqi mezeis deu gardar, si vol far un cantar o un romans qe diga rasons et paraulas continuadas, et proprias et avinentz, et qe sos cantar o sos romans non sion de paraulas biaisas ni de doas parladuras, ni de razons mal continuadas, ni mal seguidas.

Aissi com B. del Ventedorn qe en primieras qatre coblas d'aqel chantar qe ditz :

> Ben m'an perdut de lai vas Ventedor [1].

e ditz qe « tant amava sa dompna qe per ren non s'en poiria partir ni s'en partiria. » Et en la quinta cobla ditz :

> A las autras sui ueimais escazut,
> Car unam pot, sis vol, a son ops traire.

[2] et tug aqill qe dizon : *amis* per *amics*, et *mei* per *me* an fallit, et *mantenir*, *contenir*, *retenir*, tut fallon, qe paraulas son Franzezas, et no las deu hom mesclar ab Lemosinas, aqestas ni negunas paraulas biaisas. Dicis en P. Vidal *Verge* per… [3], e *galisc* per *galesc*. Et En Bernartz dicis : *amis* per *amics*, et *chastui* per *chastic*. Et crei ben qe sia terra on corron aitals paraolas per la natura de la terra. Et ges per tot aiso non deu hom dir sas paraulas en biais ni mal dichas, neguns hom qe s'entenda ni sotileza aia en se.

Et ieu non puesc ges aver auzidas totas las paraulas del mon, mas en so qe a estat dig mal per manz trobadors, ni las malvasas rasons. Pero gran ren en cug aver dig en tant per qe totz homs prims s'en poiria aprimar en aqest libre de trobar, o d'entendre, o de dir, o de respondre.

---

[1] *Voyez* M. Raynouard, t. III, p. 72. Les trois vers cités ici y sont un peu différents ; les voici :

> Ben m'an perdut lai enves Ventadorn…
> A las autras sui aissi eschagutz ;
> Laqual se vol me pot a sos ops traire.

[2] Bastero, qui cite ce passage (*Crusca Provenzale*, pref. p. 29), le lit ainsi : « Qe tuyt aquel, qe dizon : AMIS per *amics*, e MOI per *me*, etc., tut fallon, qe paraulas son Franzesas, e no las deu hom mesclar a Lemosinas. »

[3] Mot passé dans le Ms.